TRANSFORMADOS POR LA VERDAD

TRANSFORMADOS POR LA VERDAD

Cómo la Palabra de Dios supera los hábitos de la gente altamente efectiva

C.J. de la Torre

Título de la obra: Transformados por la verdad

© 2026, C.J. de la Torre

Todos los derechos reservados. No se permite la reproducción total o parcial de esta obra, ni su incorporación a un sistema informático, ni su transmisión en cualquier forma o por cualquier medio (electrónico, mecánico, fotocopia, grabación u otros) sin autorización previa y por escrito de los titulares del copyright. La infracción de dichos derechos puede constituir un delito contra la propiedad intelectual.

Las citas bíblicas han sido tomadas de la versión Reina-Valera 1960 (RVR1960), © Sociedades Bíblicas Unidas. Utilizado con permiso.

A menos que se indique otra versión, el texto bíblico en esta publicación ha sido tomado de la versión Reina-Valera 1960.

Las citas marcadas con las siglas NTV corresponden a la Santa Biblia, Nueva Traducción Viviente, © Tyndale House Foundation, 2010. Usado con permiso de Tyndale House Publishers, Inc., Carol Stream, Illinois 60188. Todos los derechos reservados.

IBSN: 979-8-24-468054-6

Este libro ha sido escrito con la esperanza de generar un impacto más allá de sus páginas. Por ello, todas las ganancias derivadas de su venta serán destinadas a la Mexico City Christian Academy (MCCA), en apoyo a su misión. Con tu compra, tú también eres parte de esta causa.

A mi Padre, Redentor, Señor y Guía, Jesucristo:
Toda la gloria es tuya. Gracias por transformarme
con tu Verdad, sostenerme con tu gracia
y llamarme a proclamar tu Nombre

A Ary, mi amada esposa, compañera de vida,
regalo de Dios y ayuda idónea:
Gracias por caminar conmigo en obediencia, amor
y fe.
Tu vida ha sido una expresión constante
del carácter de Cristo

A Diego, David y Carla:
El Señor me ha mostrado su ternura, paciencia y
fidelidad al permitirme ser su padre. Amarlos me ha
ayudado a conocer más profundamente el corazón y el
carácter
de mi Padre celestial

A la comunidad de Mexico City Christian
Academy, a mi amigo y hermano en la fe, el pastor
Emmanuel Castillo, y a cada lector que Dios haya traído
hasta estas páginas: Oro para que este libro no los
apunte a mí, sino al Autor de la Verdad. Que Su
Palabra los transforme
como lo ha hecho conmigo

A Él sea toda la gloria

Índice

PRÓLOGO 1

    La Palabra no necesita ser mejorada: una advertencia con esperanza.

    Una reflexión cristiana sobre la confusión entre sabiduría humana y verdad revelada, y un llamado urgente a volver al fundamento eterno.

INTRODUCCIÓN 7

    Más que hábitos efectivos: una vida edificada sobre la Palabra.

    Una comparación entre la visión de Covey y el llamado del Evangelio. Un marco para discernir, aplicar y vivir principios bíblicos por encima de los modelos humanos. Incluye una exposición crítica del octavo hábito: «de la efectividad a la grandeza».

CAPÍTULO 1 11

    Comienza con la Palabra: El propósito de Dios antes que el tuyo.

    Versículos clave: Proverbios 16:3, Isaías 46:10, Colosenses 3:17.

    El hábito de ser proactivo a la luz del llamado bíblico a rendirse a la soberanía de Dios.

CAPÍTULO 2 25

    Vive con eternidad en mente: El fin glorioso del creyente es Cristo.

    Versículos clave: 2 Corintios 4:18, Filipenses 1:21, 1 Pedro 1:13.

    Más allá de tener un fin en mente: vivir a la luz de la eternidad, para glorificar a Dios.

CAPÍTULO 3 41

    Prioridades bíblicas: Discernir lo urgente de lo eterno.

    Versículos clave: Efesios 5:15-17, Salmo 90:12, Mateo 6:33.

    Contraste entre la planificación secular y la administración del tiempo centrada en lo eterno.

    Incluye ejemplos bíblicos y un formato práctico de organización semanal.

CAPÍTULO 4 59

    Responsabilidad con gracia: Sé gobernado por el Espíritu, no por el control.

    Versículos clave: Gálatas 6:5, Romanos 12:2, 1 Pedro 4:10-11.

    La verdadera iniciativa surge de un corazón obediente y lleno del Espíritu, no de la autosuficiencia.

Capítulo 5 .... **77**

Comunicación redimida: Habla y escucha con el corazón de Cristo.

Versículos clave: Efesios 4:29, Santiago 1:19, Colosenses 4:6.

Más que buscar primero entender y luego ser entendido: hablar con gracia y oír con humildad.

Capítulo 6 .... **95**

Sinergia verdadera: Unidad en la diversidad para la gloria de Dios.

Versículos clave: Juan 17:21-23, Efesios 4:3-6, 1 Corintios 12:12-27.

No se trata de sumar talentos, sino de vivir como un solo cuerpo bajo un solo Señor.

Capítulo 7 .... **113**

Afilar la vida: Renovación diaria en Cristo para una fidelidad duradera.

Versículos clave: 2 Corintios 4:16, Lamentaciones 3:22-23, Juan 15:5.

El descanso, la oración, la comunión y la Palabra como fuentes de renovación verdadera.

Capítulo 8 .... **133**

Transformación real: Vivir desde adentro hacia afuera por el poder del Evangelio.

Versículos clave: Proverbios 4:23, Ezequiel 36:26, 2 Corintios 5:17.

No se trata de descubrir tu voz, sino de rendir tu vida.

La integridad no es una virtud humana, sino fruto del nuevo nacimiento.

Epílogo **151**

Más allá de los hábitos... una vida edificada sobre la Palabra.

Versículos clave: Lucas 6:47-48, Isaías 40:8, Colosenses 1:10.

Una conclusión que afirma que no necesitamos hábitos efectivos, sino una vida firme sobre la Roca que es Cristo.

Prólogo

Nací en 1976 y, tras la muerte de mi padre en 1986, estuve en una constante búsqueda de lo relacionado con el desarrollo personal, hasta el momento en que reconocí a Cristo como mi Señor y Salvador en 2013. Mi vida estuvo marcada por la aspiración al desarrollo personal y éxito profesional. Como muchos, fui atraído por las promesas de libros, seminarios y filosofías, que aseguran transformar nuestra forma de vivir y trabajar. Recuerdo especialmente un seminario en el que aprendí sobre los ocho hábitos de la gente altamente efectiva, un modelo que transformó mi perspectiva y que, al aplicarlo, me ayudó a progresar rápidamente en mi carrera profesional. Sin embargo, algo crucial faltaba en ese proceso.

Cuando Dios, en Su infinita gracia, me rescató en 2013, mi perspectiva sobre la vida y su propósito cambió radicalmente. A medida que crecí en la fe y me sumergí en el estudio de Su Palabra, me di cuenta de que muchas de las filosofías y enseñanzas que había adoptado en el pasado estaban incompletas o incluso eran contrarias a los principios eternos que Dios nos ha dado en las Escrituras. Aunque el sistema de los ocho hábitos puede parecer útil y atractivo, entendí que cualquier enseñanza humana, por bien intencionada que sea, palidece en comparación con la verdad revelada en la Palabra de Dios.

Este libro nace del deseo de ayudar a los cristianos que, como yo, enfrentan un entorno laboral secular donde este tipo de cursos y filosofías son comunes. En muchas empresas, se enseñan los ocho hábitos de Stephen Covey y otros modelos similares, y no es raro que los creyentes enfrenten la presión social de sus compañeros o jefes para adoptarlos sin cuestionarlos. Es fácil que, por la falta de conocimiento bíblico, algunos sean influenciados y comiencen a ver estas enseñanzas como su principal guía en lugar de la Biblia.

Desde 2014 Dios me permitió profundizar en Su Palabra, y en 2018, completar una maestría en Estudios de Teología Reformada. He sido bendecido al trabajar en una organización cristiana, pero sé que no todos tienen ese privilegio. Muchos hermanos y hermanas en Cristo trabajan en contextos completamente seculares, enfrentando desafíos y presiones que pueden debilitar su fe o desviarlos hacia enseñanzas que parecen buenas, pero que no reflejan la verdad de Dios.

Mi deseo más profundo al escribir este libro es exaltar los principios eternos de la Palabra de Dios y animarte a vivir tu fe con valor y dignidad, sabiendo que puedes ser más efectivo, no adoptando las filosofías modernas como tu fundamento, sino integrando los principios bíblicos en todos los aspectos de tu vida.

La decisión de abordar este tema no fue al azar. Durante mis años como cristiano he compartido esta inquietud con varios pastores, quienes coincidieron en que esta problemática es relevante y que este libro podría ser una herramienta valiosa para ayudar a creyentes que enfrentan estas enseñanzas en sus lugares de trabajo. Muchos pastores, aunque fieles a su llamado, no han tenido experiencia en organizaciones seculares y pueden desconocer la realidad de los cursos y modelos que se enseñan a los miembros de sus iglesias.

En este maravilloso andar, Dios me ha llevado a comprender lo siguiente:

- La Palabra no necesita ser mejorada: una advertencia con esperanza.
- Vivimos en tiempos de confusión sutil.
- Ya no se trata solamente de errores doctrinales evidentes o herejías abiertas.
- Hoy gran parte de la batalla espiritual ocurre en el terreno de lo «útil», lo «práctico» y lo «efectivo».

Y es ahí donde muchos creyentes, sin darse cuenta, están intercambiando la verdad eterna con principios temporales.

En las últimas décadas, libros de liderazgo, desarrollo personal y efectividad han ganado terreno en todos los ámbitos: escuelas, empresas, conferencias... e incluso iglesias.

Entre ellos, pocos han sido tan influyentes como Los 7 hábitos de la gente altamente efectiva de Stephen Covey. Con una prosa atractiva y una estructura clara, Covey ofreció un mapa para una vida ordenada, enfocada y productiva. Su estilo, aparentemente neutral, le abrió la puerta a personas de todo trasfondo: religiosos y no religiosos, empresarios, educadores, políticos, pastores y jóvenes profesionales.

Muchos cristianos comenzaron a aplicar sus enseñanzas. Algunos intentaron «cristianizarlas», añadiendo versículos aquí y allá. Otros incluso enseñaron estos hábitos en púlpitos, clases de discipulado o talleres de liderazgo ministerial. Pero muy pocos se detuvieron a preguntarse:

- ¿Cuál es la cosmovisión detrás de estos hábitos?
- ¿A quién glorifican?
- ¿Con qué antropología y visión del ser humano están construidos?
- ¿Reflejan realmente el Evangelio?
- ¿O simplemente lo reemplazan con una versión moralista, funcional y centrada en el yo?

Una advertencia Cristo-céntrica

Este libro nace de diferentes cargas.

- La carga de ver a cristianos bien intencionados guiándose más por principios de efectividad que por principios de fidelidad.
- La carga de ver a jóvenes influenciados por enseñanzas atractivas, pero carentes de fundamento bíblico.
- La carga de ver a líderes adoptando modelos humanos sin filtrar todo con la Palabra.

Y también nace de una convicción profunda: la Biblia no necesita ayuda externa para formar hombres y mujeres santos, sabios y útiles.

> *«Toda la Escritura es inspirada por Dios, y útil para enseñar, para redargüir, para corregir, para instruir en justicia, a fin de que el hombre de Dios sea perfecto, enteramente preparado para toda buena obra»*
> *(2 Timoteo 3:16-17)*

Lo que Dios ha revelado en su Palabra es más profundo que cualquier hábito. Es más relevante que cualquier manual, más poderoso que cualquier principio de éxito, porque la Escritura no solo informa... transforma. No se trata de criticar, sino de discernir.

Este libro no fue escrito con desprecio ni con espíritu de superioridad. No se trata de atacar a Covey como autor ni de desacreditar su capacidad de análisis. Su trabajo muestra orden, reflexión y, en lo humano, sabiduría común.

Tampoco se trata de despreciar la organización, el enfoque o la planificación. El pueblo de Dios está llamado a vivir con excelencia, no para ganar el favor de Dios, sino porque Él se merece lo mejor de nosotros.

Se trata de advertir. De invitar al creyente a mirar con ojos espirituales, a examinar cada cosa a la luz de la Palabra, y a reconocer que no todo lo que parece sabio es compatible con la cruz de Cristo. El apóstol Pablo lo dijo con claridad:

> «*Mirad que nadie os engañe por medio de filosofías y huecas sutilezas, según las tradiciones de los hombres, conforme a los rudimentos del mundo, y no según Cristo*»
> (Colosenses 2:8)

Cuando la efectividad reemplaza la santidad, hemos perdido el rumbo. Cuando el propósito personal eclipsa la gloria de Dios, hemos cambiado el Evangelio por otra cosa. Y cuando seguimos hábitos sin rendirnos a Cristo, no estamos creciendo... estamos desviándonos.

Una esperanza para el lector

Este libro no es solo una advertencia. Es una esperanza. Esperanza de que Dios está levantando hombres y mujeres que aman la verdad. Esperanza de que la próxima generación no se conformará con herramientas funcionales, sino que será apasionada por la fidelidad a las Escrituras. Esperanza de que líderes cristianos dejarán de imitar al mundo y volverán a edificar con el único fundamento que permanece: Jesucristo. Esperanza de que tú, lector, no terminarás tu vida siendo altamente efectivo... sino profundamente fiel.

Mi oración es que este libro te lleve a reflexionar profundamente, a considerar la supremacía de las Escrituras y a entender que no hay ninguna enseñanza moderna, por novedosa o bien articulada que sea, que supere los principios eternos de la Palabra de Dios. A medida que explores la comparación entre los ocho hábitos y los fundamentos bíblicos, mi deseo es que te sientas equipado y animado a vivir una vida que glorifique a Dios en todo momento y que inspire a otros a hacer lo mismo.

Que este libro sea una guía para integrar los principios de la Palabra en cada área de tu vida, una herramienta para fortalecerte en tu fe y un recordatorio de que nuestra efectividad como cristianos proviene, no de modelos humanos, sino de Aquel que es la Verdad y la Vida.

Con gratitud y en Su servicio,

C.J. de la Torre

Introducción

Más que hábitos efectivos: una vida edificada sobre la Palabra

Muchos cristianos hoy viven en un entorno donde la productividad, la eficiencia y la realización personal se han vuelto ideales incuestionables. En sus trabajos, escuelas, negocios o círculos de liderazgo, han sido capacitados (o al menos expuestos) a principios tomados de libros como Los 7 hábitos de la gente altamente efectiva de Stephen Covey. A menudo, estos principios se presentan como herramientas neutras, útiles e incluso compatibles con la fe cristiana. Pero las preguntas que nos impulsan a escribir este libro son las siguientes:

- ¿Son realmente compatibles los hábitos de Covey con el Evangelio de Jesucristo?
- ¿O, peor aún, podrían llegar a ser sustitutos sofisticados que desplazan sutilmente la centralidad de la Palabra de Dios en la vida del creyente?

Un conflicto invisible pero real

Este libro nace de una convicción profunda: la Escritura es suficiente, superior y absolutamente confiable para guiar al cristiano en cada área de su vida. No negamos que algunos principios en el libro de Covey parezcan útiles. La proactividad, la visión a largo plazo, la administración del tiempo, la comunicación empática, la colaboración, la renovación continua... todos parecen valores nobles. Pero también afirmamos con claridad: todo principio de vida, por sabio que parezca, debe ser evaluado a la luz de la Palabra de Dios.

- Porque no basta con que algo «funcione»
  Debe glorificar a Dios.

- No basta con que algo «mejore la vida»
  Debe transformar el corazón.

- No basta con que algo tenga «buenos resultados»
  Debe nacer del Espíritu, alinearse con la verdad y apuntar a Cristo.

El corazón de Covey y el corazón del Evangelio

Stephen Covey fue un hombre brillante, influyente y disciplinado. Sin embargo, su cosmovisión estaba moldeada por una mezcla de moralismo religioso (mormonismo), psicología positiva, ética empresarial y filosofía oriental. Su enfoque de la efectividad humana coloca al individuo como el centro: sus decisiones, su voz, su liderazgo, su impacto.

Su famoso libro gira en torno a tres transiciones:

1. De la dependencia a la independencia
2. De la independencia a la interdependencia
3. De la efectividad a la grandeza (agregado en su octavo hábito)

El octavo hábito, de hecho, es el más revelador de su pensamiento: Covey invita al lector a «encontrar su voz» y ayudar a otros a encontrar la suya. Esta «voz» representa tu propósito, tu pasión, tus talentos y tu visión. Es una invitación al autodescubrimiento y la autorrealización.

Pero aquí encontramos la diferencia más radical entre Covey y el cristianismo bíblico:

- El Evangelio no te llama a descubrir tu voz. Te llama a obedecer la voz de Cristo.
- No te invita a desarrollar tu grandeza. Te llama a negarte a ti mismo, tomar tu cruz y seguir a Jesús.
- No te dice que confíes en tu potencial. Te revela que tu corazón necesita ser regenerado.

Introducción

> *«Engañoso es el corazón más que todas las cosas, y perverso; ¿quién lo conocerá?»*
> *(Jeremías 17:9)*

> *«...Si alguno quiere venir en pos de mí, niéguese a sí mismo...»*
> *(Lucas 9:23)*

Este libro es una respuesta... bíblica, reformada y de ánimo para el creyente. Aquí no encontrarás una simple «crítica» a Covey, ni una «versión cristiana» de sus hábitos. Encontrarás una respuesta seria, compasiva y profundamente comprometida con las Escrituras. Cada capítulo toma uno de los ocho hábitos de Covey, lo examina con respeto y lo compara con el diseño de Dios revelado en su Palabra.

Pero más importante aún: cada capítulo exalta la suficiencia de Cristo y el poder del Evangelio para transformar vidas desde dentro.

Verás que:

- El verdadero comienzo no es la proactividad... sino la rendición a Dios.
- El fin no es encontrar tu propósito personal... sino vivir para la gloria de Dios.
- La administración del tiempo no se basa en prioridades humanas... sino en discernir lo eterno.
- El liderazgo no se construye desde la independencia... sino desde la comunión con Cristo y su pueblo.
- La renovación no es autocuidado... sino dependencia diaria del Espíritu Santo.
- Y la integridad no es coherencia de valores... sino fruto del nuevo nacimiento.

¿Para quién es este libro?

Este libro es para ti si:

- Eres un creyente maduro que quiere ayudar a otros a vivir con discernimiento.
- Eres un joven cristiano que ha sido expuesto a discursos motivacionales disfrazados de sabiduría.
- Eres un líder cristiano que desea formar a otros con principios sólidos, no solo consejos prácticos.
- O simplemente, si deseas vivir una vida que no solo sea «efectiva»... sino fiel a Cristo.

También es un libro para comprender el evangelio

Cada capítulo contiene una sección especial para lectores no creyentes, esta explica que ningún hábito puede salvar el alma, pero que Jesucristo puede perdonar, transformar y redimir completamente.

Cómo usar este libro

- Puedes leerlo solo o en grupo.
- Puedes usarlo en consejerías, talleres, escuelas cristianas, discipulados o en tu iglesia.
- Incluye oraciones, aplicaciones prácticas y, en el capítulo 3, herramientas para priorizar y planificar tu tiempo de forma bíblica.
- Pero, sobre todo, úsalo con una Biblia abierta y un corazón dispuesto.

Una última palabra: no te conformes con mejorar... sé transformado.

- Este mundo premia a los efectivos. El Reino de Dios corona a los fieles.
- No busques tu voz interior. Escucha la voz del Buen Pastor.
- No construyas sobre principios humanos. Funda tu vida en la Palabra eterna de Dios.

«Porque nadie puede poner otro fundamento que el que está puesto, el cual es Jesucristo»
(1 Corintios 3:11)

Capítulo 1

El Verdadero Proactivo – Cristo en nosotros, esperanza de gloria

«Porque Dios es el que en vosotros produce así el querer como el hacer, por su buena voluntad»
(Filipenses 2:13)

«Con Cristo estoy juntamente crucificado, y ya no vivo yo, mas vive Cristo en mí…»
(Gálatas 2:20)

El anhelo de mejorar no es neutral

Vivimos en una era que idolatra la productividad. Desde apps que te ayudan a organizar tu día, hasta cursos de liderazgo personal que prometen «liberar tu máximo potencial», pareciera que el éxito y la efectividad son las medidas definitivas del valor humano.

Para el cristiano que trabaja en una empresa secular, es común recibir entrenamiento a través de herramientas como Los 7 Hábitos de la Gente Altamente Efectiva de Stephen Covey. Estos hábitos tienen una apariencia noble: ser proactivo, planear con propósito, buscar el beneficio mutuo, etc. Pero debajo de esa estructura hay una filosofía que requiere discernimiento espiritual: ya que, es una cosmovisión centrada en el hombre.

Covey parte del supuesto de que el ser humano puede, por medio del conocimiento correcto y la práctica disciplinada, convertirse en una persona eficaz, íntegra y virtuosa. Esta idea resuena bien con el corazón humano caído, porque nos gusta pensar que podemos salvarnos, cambiarnos y realizarnos por nuestras propias fuerzas. Sin embargo, como cristianos que afirmamos la suficiencia de las Escrituras, debemos hacernos una pregunta esencial: ¿Es esto compatible con la enseñanza de la Biblia?

Este capítulo responde a esa pregunta comenzando con el primer hábito: Ser proactivo. No lo haremos desde el rechazo inmediato, sino desde el discernimiento bíblico. Veremos lo que este hábito dice, lo que sugiere... y lo que omite. Más aún, exploraremos la verdad más profunda y gloriosa: que la verdadera transformación no nace del esfuerzo humano, sino del poder del Evangelio obrando en el corazón regenerado.

Este mensaje será confrontador, especialmente para quienes aún creen que el cambio genuino puede lograrse solo con fuerza de voluntad. Pero también será esperanzador, porque la Escritura nos recuerda que hay un poder mayor disponible: Cristo en nosotros, esperanza de gloria.

1. La Ilusión de la Autodeterminación

El mensaje central del primer hábito de Covey es: «Usted tiene el poder de elegir su respuesta. No es víctima. Usted es agente de cambio». En el ámbito laboral esto es usado para motivar a los empleados a asumir responsabilidad, evitar excusas y crecer en carácter.

En términos superficiales es difícil estar en desacuerdo. La Biblia nos llama a vivir con responsabilidad, a no culpar a otros y a caminar en obediencia.

Pero Covey va más allá de una exhortación a la responsabilidad: él fundamenta su enseñanza en una visión del ser humano como autónomo, autodeterminado y fundamentalmente bueno. Aquí está el problema. Según Covey, tú puedes cambiar porque «tienes dentro de ti el poder para hacerlo». Esta es una declaración peligrosa.

¿Qué dice la Escritura?

- «...Estabais muertos en vuestros delitos y pecados...» (Efesios 2:1)

- «Engañoso es el corazón más que todas las cosas...» (Jeremías 17:9)
- «Y yo sé que en mí, esto es, en mi carne, no mora el bien...» (Romanos 7:18)

La Palabra de Dios pinta un cuadro muy diferente. No somos moralmente neutros. No somos naturalmente sabios. No somos espiritualmente capaces sin ayuda. La caída afectó todo nuestro ser: mente, emociones, voluntad, cuerpo y relaciones.

Entonces, cuando Covey dice que tú puedes ser proactivo si simplemente lo decides, está pasando por alto la realidad más profunda del alma humana: el pecado nos ha hecho espiritualmente impotentes.

ILUSTRACIÓN REAL

Un joven ejecutivo cristiano asiste a un curso de liderazgo en su empresa. Motivado por la enseñanza de Covey, decide no dejarse afectar por los comentarios negativos de su jefe. Durante una semana lo logra, pero a la siguiente explota. Se frustra. Se siente culpable. Y concluye: «Necesito esforzarme más». Pero lo que realmente necesita es reconocer que su reacción no se cambia solo con disciplina, sino con la obra profunda del Espíritu en su corazón.

¿Y qué de los no creyentes que logran cambiar hábitos? Buena pregunta. Hay personas que sin conocer a Cristo logran dejar adicciones, mejorar actitudes, vivir más ordenadamente. Pero eso no significa que su corazón haya sido transformado. Pueden pulir la conducta exterior, pero siguen siendo esclavos del pecado (Juan 8:34).

No confundamos el cambio superficial con la regeneración. Dios no solo quiere que nos comportemos bien. Él quiere que seamos nuevas criaturas (2 Corintios 5:17).

2. LA VERDADERA PROACTIVIDAD NACE DEL NUEVO NACIMIENTO

a) El error de empezar desde uno mismo

Stephen Covey insiste en que todo cambio empieza con uno mismo. Su fórmula sugiere que si cambias tu manera de pensar, cambiarás tus emociones, y eso cambiará tus acciones y tu entorno. Suena poderoso, ¿cierto? Pero, para la Biblia, este enfoque comienza en el lugar equivocado. El cambio no empieza en nosotros: empieza en Dios.

Cristo no vino a reformar nuestros hábitos: vino a regenerar nuestro corazón. Jesús no vino a darnos herramientas para un mejor desempeño; vino a darnos vida nueva.

b) El nuevo nacimiento no es opcional

Nicodemo era un hombre religioso, moral, ejemplar... pero Jesús fue claro con él:

> «...De cierto, de cierto te digo, que el que no naciere de nuevo, no puede ver el reino de Dios»
> *(Juan 3:3)*

El cambio real, profundo y duradero no puede suceder si no hay un nuevo nacimiento. Este no es un paso opcional en el camino cristiano; es el punto de partida. Cuando alguien nace de nuevo por obra del Espíritu Santo, recibe una nueva naturaleza, un nuevo poder y un nuevo propósito. Entonces y solo entonces puede responder correctamente a las circunstancias de la vida.

c) Obediencia que viene de Dios mismo

> «*Ocupaos en vuestra salvación con temor y temblor; porque Dios es el que en vosotros produce así el querer como el hacer...*»
> *Filipenses 2:12-13*

La responsabilidad humana y la soberanía divina no están en conflicto: trabajamos porque Dios ya está obrando en nosotros. Él no solo nos ordena actuar: nos capacita para obedecer. Esto es fundamental para el creyente que quiere «ser proactivo»: No lo hace en sus propias fuerzas, sino como fruto de la gracia activa de Dios en su interior.

d) Ejemplo: La tentación en el trabajo

Imagínate a una joven ingeniera cristiana en un ambiente laboral competitivo. Recibe presión para mentir en un reporte para cubrir errores del equipo. Ella recuerda el llamado de Dios a vivir en integridad. Lucha con el temor a perder su empleo. Pero se arrodilla en oración, clama a Dios, y por la gracia del Espíritu Santo, decide decir la verdad.

Covey diría que fue proactiva. Pero ella sabe algo más profundo: no fue solo su decisión. Fue la obra del Espíritu guiándola a glorificar a Cristo. La vida cristiana no es autocontrol, sino Cristo-control.

> *«Ya no vivo yo, mas vive Cristo en mí...»*
> Gálatas 2:20

Eso es lo que transforma al creyente, no una filosofía, no un hábito, sino una persona viva y poderosa obrando en su interior: Cristo mismo. Muchos cristianos jóvenes piensan que tienen que cambiar para agradar a Dios. Pero la verdad bíblica es más gloriosa: Dios ya está obrando en ellos, y su gracia es suficiente.

e) Reflexión para el lector no creyente

Si aún no has entregado tu vida a Jesús, lo que necesitas no es más motivación, sino salvación. No necesitas mejorar tus hábitos; necesitas ser hecho nuevo. Jesús no está esperando que te reformes para amarte. Él te ama mientras aún eres pecador (Romanos 5:8) y te llama a venir a Él tal como estás.

El Evangelio no dice: Haz tu mejor esfuerzo y Dios hará el resto. Dice: Todo lo hizo Cristo. Cree en Él, y serás salvo.

3. Aplicación práctica para creyentes

Hablar de la obra de Dios en nosotros puede parecer abstracto para algunos creyentes, especialmente aquellos que son nuevos en la fe o que han sido enseñados a depender de su propio esfuerzo. Por eso, esta sección busca aterrizar las verdades teológicas en ejemplos concretos y vivencias cotidianas. Muchos cristianos sinceros viven atrapados en un ciclo de culpa y rendimiento: quieren agradar a Dios, pero creen que deben lograrlo por sí mismos. Al fracasar se sienten culpables y se esfuerzan más... solo para volver a fracasar. La raíz de este problema es olvidar que el poder para vivir vidas santas no está en nosotros, sino en Cristo que vive en nosotros.

a) Diagnóstico personal: ¿Estás tratando de cambiar sin Dios?

Tómate un momento para considerar lo siguiente:

- ¿Estoy actuando como si el cambio dependiera solo de mí?
- ¿Estoy frustrado por no poder mejorar ciertos hábitos?
- ¿Mi vida cristiana está más marcada por el esfuerzo que por el descanso en la gracia?
- ¿He olvidado que tengo acceso constante al poder de Dios a través del Espíritu Santo?

Estas preguntas no son para condenarte, sino para ayudarte a identificar dónde podrías estar operando en tus propias fuerzas. El Evangelio nos llama no solo a obedecer, sino a confiar en el que nos capacita para obedecer.

b) Ejemplos cotidianos de dependencia en Cristo

Ejemplo 1: La mamá estresada

Carolina es madre de tres hijos pequeños. Su esposo trabaja muchas horas fuera y ella lucha con el cansancio, impaciencia y culpa. Escuchó en una conferencia que «necesita ser más proactiva», pero solo sintió más presión. Lo que Carolina realmente necesita no es más presión, sino paz. Cuando ella empieza su día buscando a Dios, aunque solo sean 10 minutos de oración sencilla, su enfoque cambia. En vez de depender de sus emociones, empieza a clamar: «Señor, produce en mí el querer y el hacer. Dame tu paciencia. Haz tu obra hoy en mí».

Ejemplo 2: El joven tentado

Pablo es un joven cristiano que trabaja en un ambiente cargado de tentaciones sexuales. Ha caído muchas veces en pornografía y piensa que solo necesita más «disciplina». Pero un mentor lo confronta con esta verdad: «No necesitas solo disciplina, necesitas desesperación por Cristo. Solo su poder puede liberarte».

Pablo comienza a orar cada vez que siente tentación, confiesa a un amigo maduro, llena su mente con la Palabra. Poco a poco, ve una transformación que no viene de su fuerza, sino del Espíritu en él.

c) Disciplina espiritual: Descansar en la gracia activa de Dios

Aquí hay algunas disciplinas prácticas que puedes cultivar con una mentalidad bíblica de dependencia en Dios.

- Oración de entrega diaria. Antes de salir a trabajar o comenzar tu día, ora con sinceridad:

    «Señor, este día es tuyo. No puedo vivirlo bien sin ti. Guíame, corrígeme, lléname de tu Espíritu».

- Lectura bíblica con enfoque personal. Cuando leas la Biblia, pregúntate:

    ¿Qué revela este texto de Dios y cómo me llama a confiar en Él hoy?

- Memoriza versículos como anclas. Por ejemplo, Filipenses 2:13 o Gálatas

2:20. Repite estos textos cuando enfrentes ansiedad, presión o tentación.

d) Proactividad con propósito: no para tener éxito, sino para glorificar a Dios

Covey sugiere ser proactivos para avanzar profesionalmente o lograr metas. El cristiano es proactivo porque ama a Dios y desea glorificarlo, incluso si nadie lo reconoce.

Haz una lista de tres áreas donde quieres crecer espiritualmente (no profesionalmente), por ejemplo:

1. Ser más paciente con tus hijos.
2. Hablar con más verdad y gracia en el trabajo.
3. Ser constante en la oración.

Ahora pregúntate: ¿Estoy confiando en mí mismo para lograr esto o estoy rindiéndome a la obra del Espíritu? Esfuérzate, sí, pero desde el descanso en Cristo, no desde la autoexigencia.

e) Oración práctica

> *«Señor, reconozco que sin ti nada puedo hacer. Me arrepiento de intentar cambiar con mis propias fuerzas. Te necesito. Ayúdame a confiar en tu poder para vivir de manera que te agrade. Hazme sensible a tu Espíritu en cada decisión que tome hoy. Y que mis acciones glorifiquen a Cristo, no a mí mismo»*

4. Aplicación práctica para lectores no creyentes

Este libro está dirigido principalmente a cristianos que enfrentan enseñanzas populares sobre desarrollo personal. Pero también sé que puede llegar a tus manos si no te consideras cristiano, o si tienes dudas, o si estás explorando lo que realmente significa seguir a Jesús. Quizá estás leyendo esto porque en tu trabajo te han recomendado Los 7 hábitos de la gente altamente efectiva, o tal vez porque alguien cercano a ti te compartió este libro. Sea cual sea tu situación, quiero hablarte directamente, con respeto, pero también con una profunda convicción. No necesitas solo mejorar... necesitas ser transformado.

Puede que hayas intentado ser mejor persona: leer libros, hacer terapia, asistir a cursos, seguir rutinas de ejercicio y alimentación. Incluso podrías haber logrado avances reales. Pero, ¿has notado que el cambio más profundo, el del corazón, sigue fuera de tu alcance? A veces reaccionas con enojo sin quererlo. O vuelves a hábitos que odias. O sientes vacío aunque todo parezca ir bien. Eso no es casualidad. La Biblia explica esta lucha.

«Por cuanto todos pecaron y están destituidos de la gloria de Dios»
(Romanos 3:23)

«El corazón es engañoso más que todas las cosas, y perverso; ¿quién lo conocerá?» (Jeremías 17:9)

El problema del ser humano no es falta de información, motivación o estrategia, es falta de vida espiritual. Estamos separados de Dios por el pecado, y por eso nuestras mejores intenciones están contaminadas. Cristo no vino a mejorar tu vida... vino a darte vida. El mensaje de la Biblia no es: Dios te ayudará a lograr tus metas. Es mucho más radical: Dios quiere darte una nueva vida.

Jesucristo no vino al mundo solo como maestro, sino como Salvador. Vivió la vida perfecta que tú y yo no hemos vivido. Murió en una cruz, cargando con nuestros pecados. Y resucitó para vencer la muerte y abrir el camino de regreso a Dios.

«Mas Dios muestra su amor para con nosotros, en que siendo aún pecadores, Cristo murió por nosotros»
(Romanos 5:8)

a) ¿Por qué es esto urgente para ti hoy?

Porque no puedes salvarte por ti mismo. No importa cuánto te esfuerces, cuántos hábitos adquieras, cuán disciplinado seas... al final, solo Cristo puede darte paz con Dios. Covey quiere ayudarte a encontrar tu voz. Cristo quiere darte un nuevo corazón.

b) Una invitación personal

Quizá has sentido que algo falta, aunque todo en tu vida esté «funcionando». Esa insatisfacción es una misericordia de Dios: es su forma de despertarte a tu necesidad de Él. Hoy puedes volver a casa. Hoy puedes nacer de nuevo. Hoy puedes empezar una vida guiada por el amor de Dios, con propósito eterno. No necesitas tener todas las respuestas. Solo necesitas reconocer tu necesidad y clamar a Cristo con fe.

c) Una oración sincera

> *«Señor Jesús, reconozco que no puedo cambiarme por mí mismo. He pecado contra ti. Necesito tu perdón. Gracias por morir por mí. Te entrego mi vida. Hazme nuevo. Lléname de tu Espíritu y transfórmame para vivir como tú deseas. Sé mi Salvador y mi Señor. Amén»*

d) ¿Qué sigue después de esta oración?

- Busca una iglesia cristiana centrada en la Biblia.
- Lee el Evangelio de Juan, y ora antes de cada lectura: «Señor, háblame».
- Conéctate con otros creyentes que te ayuden a crecer.

Y si este libro te ayudó a conocer más a Cristo, por favor, cuéntaselo a alguien. La vida cristiana no es una carrera solitaria. Es una jornada con una nueva familia, una nueva identidad y un nuevo propósito.

5. Conclusión: La gloria es para Dios, no para nosotros

Llegamos al final del primer hábito de Covey y, con ello, al principio de un enfoque totalmente distinto: una vida vivida no para la efectividad personal, sino para la gloria de Dios. Covey quiere que las personas se conviertan en su mejor versión. Pero la Biblia nos llama a algo infinitamente más grande: ser conformados a la imagen de Cristo (Romanos 8:29). Nuestra meta no es solamente organizarnos mejor, evitar el estrés o alcanzar el éxito laboral. Nuestra meta es reflejar el carácter de Dios al mundo, en cada tarea, conversación, decisión y relación.

De la autosuficiencia a la dependencia gozosa.

- La cultura moderna te dice: Tú puedes
- El Evangelio te dice: Cristo ya lo hizo
- Covey dice: Sé tu mejor versión
- La Biblia dice: Sé imitador de Cristo

Este cambio de enfoque no es pequeño: es revolucionario. No se trata solo de quién recibe el crédito, se trata de quién es el Señor de tu vida. ¿Eres tú mismo, tus metas, tu rendimiento? ¿O es Cristo, su voluntad, su gloria?

Cuando rendimos nuestra vida a Cristo, dejamos de cargar el peso imposible de tener que ser «suficientes». Descansamos en el Dios que es suficiente, y cuya gracia nos capacita cada día.

> *«No que seamos competentes por nosotros mismos para pensar algo como de nosotros mismos, sino que nuestra competencia proviene de Dios»*
> *(2 Corintios 3:5)*

a) La vida eficaz... a los ojos del cielo

La «gente altamente efectiva» es admirada en este mundo por su influencia, productividad y logros. Pero en el Reino de Dios, la verdadera eficacia se mide por la fidelidad. Un ama de casa que ora con fervor, enseña a sus hijos la Palabra y sirve en su comunidad, es más efectiva ante los ojos de Dios que un CEO que no le da gloria al Señor. Un joven que lucha por ser íntegro en medio de tentaciones, aunque fracase algunas veces, es más honrado por Dios que uno que aparenta éxito sin comunión con Él.

> *«Y todo lo que hacéis, sea de palabra o de hecho, hacedlo todo en el nombre del Señor Jesús...»*
> *(Colosenses 3:17)*

No se trata de nosotros. Se trata de Él.

Este capítulo no solo ha sido un contraste entre dos filosofías. Ha sido una invitación a levantar los ojos del espejo... y fijarlos en Cristo.

- No vivimos para ser admirados, sino para que Él sea conocido.
- No actuamos para impresionar, sino para obedecer con gozo.
- No somos los héroes de nuestra historia; Cristo lo es.

b) Una palabra final al corazón cansado

Tal vez has sentido que estás lejos de esta visión. Que has tratado de ser fuerte, de mejorar, de no fallar... y no lo has logrado. Amigo, amiga, esa frustración puede ser tu punto de partida. Cristo no busca cristianos «altamente efectivos». Busca corazones rendidos. Rinde hoy tu idea de éxito. Rinde tu necesidad de control. Rinde tu imagen personal y di como Pablo:

> *«Pero por la gracia de Dios soy lo que soy; y su gracia no ha sido en vano para conmigo...»*
> *(1 Corintios 15:10)*

c) Para meditar y orar

1. ¿Qué parte de este capítulo me confrontó más?
2. ¿En qué áreas estoy dependiendo más de mí que del Señor?
3. ¿Cómo puedo vivir hoy con una meta más alta: glorificar a Dios?

d) Oración

«Padre bueno, reconozco que muchas veces he intentado cambiar sin ti. Me he esforzado en mis fuerzas. Pero hoy descanso en tu gracia. Gracias porque tú produces en mí el querer y el hacer. Glorifícate en mi vida. Quiero que Cristo sea el centro de todo. Amén»

Capítulo 2

Empieza con el fin en la mente... el fin eterno

«Poned la mira en las cosas de arriba, no en las de la tierra»
(Colosenses 3:2)

«Mas buscad primeramente el reino de Dios y su justicia, y todas estas cosas os serán añadidas»
(Mateo 6:33)

Introducción: La meta lo cambia todo

El segundo hábito de Stephen Covey es: «Empiece con un fin en mente». El principio es simple: si no sabes a dónde vas, es probable que termines en un lugar equivocado. Tener claridad sobre el destino permite ordenar la vida, establecer prioridades y actuar con propósito. Muchos líderes cristianos han utilizado esta frase para motivar a sus equipos y familias. Pero debemos hacer una pausa y preguntarnos: ¿Cuál es el fin que tenemos en mente? ¿Es el mismo que Dios tiene en mente para nosotros?

Covey habla de metas, visión, éxito, legado... Pero todo eso está limitado al marco de esta vida. La Biblia, en cambio, nos llama a mirar más allá. A vivir no solo con metas a corto plazo o incluso a diez o veinte años, sino con la eternidad en el corazón.

«Él sembró eternidad en el corazón humano...»
(Eclesiastés 3:11, NTV)

Vivir con un «fin eterno» no significa despreciar esta vida. Significa vivirla con la perspectiva correcta. No se trata de ignorar el presente, sino de vivirlo con los ojos puestos en lo que no se ve, pero que es eterno (2 Corintios 4:18). Este capítulo te invitará a reorientar tu vida diaria, tus decisiones, tu manera de trabajar, descansar, servir y soñar... desde la única perspectiva que no se desgasta con el tiempo: la perspectiva del Reino de Dios.

Porque, querido lector, lo que determines como tu «fin último»... determinará todo lo demás.

1. El fin eterno según la Biblia

Stephen Covey afirma que una vida efectiva comienza al tener claro su destino. Su propuesta es que si defines tu legado, tus valores personales y la imagen que deseas dejar al mundo, podrás tomar decisiones más enfocadas. Él incluso recomienda imaginar tu funeral y reflexionar sobre lo que otros dirán de ti. Suena reflexivo. Y útil. Pero profundamente incompleto.

La pregunta más importante no es: ¿Qué quiero que digan de mí? Sino: ¿Qué dirá Dios de mi vida cuando me presente ante Él.

a) Dos visiones en conflicto: la mirada terrenal y la mirada eterna

Covey apela al juicio de las personas. La Biblia nos recuerda que compareceremos ante el juicio de Cristo:

> *«Porque es necesario que todos nosotros comparezcamos ante el tribunal de Cristo, para que cada uno reciba según lo que haya hecho mientras estaba en el cuerpo, sea bueno o sea malo»*
> *(2 Corintios 5:10)*

Covey quiere que vivas para tu legado. La Biblia quiere que vivas para la gloria de Dios (1 Corintios 10:31). Una visión está centrada en el «yo»: lo que lograré, lo que dejaré, cómo seré recordado. La otra visión está centrada en Cristo: lo que Él hizo, lo que está haciendo en mí, y cómo puedo reflejarlo para Su honra.

b) La esperanza viva del cristiano: el destino glorioso en Cristo

Cuando la Escritura habla del fin de nuestra vida, no lo hace con miedo ni desesperanza. Lo hace con gozo, sobriedad y esperanza viva.

> *«…Sabemos que cuando él se manifieste, seremos semejantes a él, porque le veremos tal como él es»*
> *(1 Juan 3:2)*

> *«Por tanto, no desmayamos… Porque esta leve tribulación momentánea produce en nosotros un cada vez más excelente y eterno peso de gloria»*
> *(2 Corintios 4:16–17)*

El creyente no teme al fin, porque su futuro está asegurado en Cristo. Nuestro destino no es la tumba, sino la gloria. No es la aprobación del mundo, sino el gozo eterno de oír:

> *«Bien, buen siervo y fiel… entra en el gozo de tu Señor»*
> *(Mateo 25:21)*

c) Fidelidad, no fama

Uno de los grandes peligros del pensamiento secular sobre metas es confundir popularidad con propósito. Covey y muchos motivadores modernos impulsan la idea de dejar una huella, construir un nombre, ser recordado. Pero la Biblia no nos llama a ser recordados, sino a ser fieles.

> *«Ahora bien, se requiere de los administradores, que cada uno sea*

> *hallado fiel»*
> *(1 Corintios 4:2)*

Ejemplo bíblico: Juan el Bautista

Juan tuvo un ministerio breve, pero poderoso. Cuando sus discípulos le dijeron que Jesús estaba ganando más seguidores que él, Juan respondió:

> *«Es necesario que Él crezca, pero que yo mengüe»*
> *(Juan 3:30)*

Ese es el corazón de quien vive con el fin eterno en mente: Menos de mí. Más de Cristo.

d) Ejemplo práctico: decisiones con visión eterna

Testimonio: Gabriel, el empresario cristiano

Gabriel tenía una oportunidad de oro: abrir una nueva sucursal de su empresa en el extranjero. Su equipo lo animaba. Su familia sería económicamente más cómoda. Pero al evaluar con oración, entendió que perdería tiempo con sus hijos, serviría menos en su iglesia local, y viviría sin comunidad. Él decidió rechazar la oferta. Algunos lo vieron como una locura. Pero Gabriel vive con otro fin en mente: no su carrera, sino la corona de justicia que el Señor da a los que le aman (2 Timoteo 4:8).

e) Llamado al creyente: Vive como peregrino

> *«Amados, yo os ruego como a extranjeros y peregrinos, que os abstengáis de los deseos carnales...»*
> *(1 Pedro 2:11)*

El cristiano no vive para construir un imperio aquí, sino para invertir en la eternidad. No medimos nuestra vida por logros ni por posesiones, sino por la obediencia a Cristo.

Haz esta reflexión:

- ¿Estoy viviendo como si este mundo fuera mi hogar permanente?
- ¿Mis decisiones reflejan valores del Reino o de la cultura?
- ¿Estoy listo para presentarme hoy ante el Señor?

f) Llamado al lector no creyente: ¿Cuál es tu fin?

Si aún no has entregado tu vida a Cristo, esta es la pregunta más importante que puedes responder hoy: ¿Hacia dónde te diriges? Tal vez has vivido persiguiendo logros, experiencias, aceptación. Pero... ¿qué pasará cuando tu vida termine? La Biblia es clara: sin Cristo, el destino es separación eterna de Dios. Pero en Cristo, hay perdón, propósito y vida eterna.

> «Y esta es la vida eterna: que te conozcan a ti, el único Dios verdadero,
> y a Jesucristo, a quien has enviado»
> (Juan 17:3)

g) Oración sugerida

> «Señor, ayúdame a vivir con el fin correcto en mente: no mi éxito, sino tu gloria; no mi legado, sino tu Reino. Enséñame a vivir como peregrino, con los ojos puestos en la eternidad. Y si aún no te conozco, llévame hoy al arrepentimiento y a una nueva vida en Cristo. Amén»

2. CÓMO VIVIR CON EL FIN ETERNO EN MENTE

Tener claro el «fin eterno» no es solo una idea teológica bonita. Es una verdad que transforma la manera en que usamos nuestro tiempo, tomamos decisiones, construimos relaciones y enfrentamos pruebas. Vivir con el fin eterno en mente no es dejar de lado la vida diaria, sino vivirla con una brújula celestial. Es tomar cada momento ordinario, trabajo, estudios, relaciones, rutina, y vivirlo con una dirección extraordinaria: la gloria de Dios en Cristo.

Este punto trata de llevar esa visión eterna a lo concreto, al lunes por la mañana, al cansancio de mitad de semana, a la conversación difícil del viernes por la tarde.

a) En las decisiones diarias

Una vida con visión eterna se distingue por cómo responde a las preguntas más cotidianas:

- ¿Qué prioridades rigen mi agenda hoy?
- ¿Estoy tomando esta decisión por conveniencia o por fidelidad?
- ¿Cómo afectará esta elección mi testimonio cristiano?

Ejemplo bíblico: Moisés

> «*Por la fe Moisés, hecho ya grande, rehusó llamarse hijo de la hija de Faraón; escogiendo antes ser maltratado con el pueblo de Dios, que gozar de los deleites temporales del pecado...*»
> (Hebreos 11:24-25)

Moisés tomó decisiones radicales porque miraba más allá de Egipto. No eligió lo cómodo, lo popular o lo fácil, sino lo que honraba a Dios.

Ejemplo actual: Mariana, joven profesionista

Mariana es una diseñadora gráfica cristiana con una vida profesional activa. Le ofrecen un puesto que le daría más sueldo, pero implicaría sacrificar su tiempo devocional, abandonar el discipulado que lidera, y mudarse lejos de su comunidad de fe. Después de orar, buscar consejo y ayunar, decide rechazar la oferta. Ella no vive para escalar profesionalmente. Vive para glorificar a Cristo.

b) En las relaciones humanas

Vivir con el fin eterno en mente transforma cómo tratamos a las personas:

- Valoramos las almas más que las apariencias.
- Perdonamos más fácilmente porque sabemos cuánto se nos ha perdonado.
- Invertimos en discipular, acompañar, enseñar... porque sabemos que solo lo eterno permanece.

Ejemplo bíblico: Pablo y Timoteo

Pablo no solo predicó; invirtió su vida en hombres como Timoteo. No vivía por resultados inmediatos, sino por frutos eternos.

> *«Tú, pues, hijo mío, esfuérzate en la gracia que es en Cristo Jesús... Lo que has oído de mí... encarga a hombres fieles que sean idóneos para enseñar también a otros»*
> *(2 Timoteo 2:1–2)*

c) En la forma de usar el tiempo

Una vida con fin eterno es intencional con el tiempo. No vive en piloto automático, sino que busca ser mayordomo de cada hora.

> *«Mirad, pues, con diligencia cómo andéis, no como necios sino como sabios, aprovechando bien el tiempo...»*
> *(Efesios 5:15–16)*

No se trata de llenar la agenda de actividades «espirituales», sino de consagrar cada área a Dios:

- El trabajo como servicio.
- El descanso como obediencia.
- El tiempo en familia como discipulado.

Ejemplo: Diario con visión eterna

Muchos creyentes han sido transformados al comenzar a planificar sus días con esta sencilla pregunta: ¿Qué puedo hacer hoy que tenga valor eterno? Tal vez:

- Orar intencionalmente por una persona perdida.
- Animar a alguien en la fe.
- Leer un capítulo más de la Palabra y meditar en ella.
- Servir con excelencia en el trabajo para testificar de Cristo.

d) En las pruebas y sufrimientos

La visión eterna da perspectiva en medio del dolor. No minimiza el sufrimiento, pero lo pone en su verdadero lugar: momentáneo y con propósito.

> «*Porque esta leve tribulación momentánea produce en nosotros un cada vez más excelente y eterno peso de gloria…*»
> (2 Corintios 4:17)

Ejemplo bíblico: Esteban

Esteban fue apedreado por predicar la verdad. Pero en sus últimos momentos, no vio a sus verdugos… vio el cielo abierto y a Jesús de pie a la diestra de Dios. (Hechos 7:55–56). Ese es el poder de vivir con el fin eterno: nada, ni la muerte, te puede robar la esperanza.

e) En el evangelismo

Vivir con el fin eterno nos lleva a hablar con otros sobre Cristo. Sabemos que sus almas son eternas. Que el cielo y el infierno son reales. Que Cristo es su única esperanza.

> *«El amor de Cristo nos constriñe...»*
> *(2 Corintios 5:14)*

Un creyente con visión eterna no puede quedarse callado.

Ejemplo: Daniel y su compañero de trabajo

Daniel trabaja en una empresa tecnológica. Nunca hablaba de su fe... hasta que comprendió que su compañero estaba caminando hacia la eternidad sin Cristo. Tomó valor, lo invitó a comer, compartió su testimonio y el Evangelio. No fue fácil. Pero fue eternamente importante.

f) Una oración para hoy

> *«Señor, que mi mente no esté atada a esta tierra. Hazme mirar lo eterno. Dirige mis pasos con tus prioridades. Hazme sabio en cada decisión, generoso con mi tiempo, fiel en mis relaciones, valiente en medio del sufrimiento y apasionado por el Evangelio. Que mi vida tenga sentido eterno. Amén»*

3. APLICACIÓN PARA CREYENTES

Saber que nuestro destino es eterno y que nuestra ciudadanía está en los cielos (Filipenses 3:20) no es solo un consuelo... es un llamado a vivir diferente. No con culpa ni presión, sino con claridad, propósito y alegría. Este punto es una guía práctica para el creyente que desea vivir cada día con el «fin eterno en mente».

a) Autoevaluación espiritual: ¿Estoy viviendo con visión eterna?

Haz una pausa y responde con honestidad:

- ¿Mis metas diarias y anuales reflejan el Reino de Dios o los valores del mundo?

- ¿Estoy más preocupado por mi comodidad que por mi fidelidad?
- ¿Qué tanto tiempo paso en actividades que tienen peso eterno (Palabra, oración, discipulado, servicio)?
- ¿Estoy más interesado en mi nombre o en el nombre de Cristo?

Esta evaluación no es para condenarte, sino para despertarte. La vida cristiana no se trata de perfección, sino de dirección.

b) Acciones prácticas para alinear tu vida con la eternidad

1. Establece tus valores no con base en tus emociones, sino en la Palabra. Lee Mateo 5-7 y haz una lista de los valores del Reino: mansedumbre, misericordia, pureza, justicia, amor al prójimo.
2. Revisa tu agenda semanal. ¿Dónde está Dios en tu horario? ¿Hay espacio para cultivar tu alma? ¿Tiempos de silencio, reflexión, comunión con otros creyentes?
3. Vive con una «lista eterna». Además de tus pendientes laborales o familiares, ten una lista donde pongas metas espirituales:
   - Orar cada día por una persona perdida.
   - Memorizar un pasaje clave del mes.
   - Tener una conversación espiritual significativa cada semana.
   - Servir en un área de tu iglesia local.

c) Redefiniendo el éxito

Muchos creyentes, sin darse cuenta, siguen definiendo el éxito igual que el mundo: crecimiento profesional, metas cumplidas, reconocimiento humano. Pero en el Reino de Dios, el éxito tiene otro nombre: fidelidad.

«Bien, buen siervo y fiel; sobre poco has sido fiel, sobre mucho te

> *pondré...»*
> *(Mateo 25:21)*

d) Ejemplo práctico

Sara es una madre de tres hijos pequeños. Ella lucha con sentirse «poco productiva», porque no trabaja fuera de casa. Pero al abrir la Biblia y orar, se da cuenta de que su mayor inversión está en esos corazones eternos que Dios le confió. Cambia su mentalidad: no está perdiendo el tiempo... está sembrando para la eternidad.

e) Perseverancia diaria con la mirada eterna

> *«...corramos con paciencia la carrera que tenemos por delante, puestos los ojos en Jesús...»*
> *(Hebreos 12:1–2)*

Vivir con el fin eterno no es solo para eventos extraordinarios. Es para la cotidianidad cuando: lavas los trastes, escuchas a un hijo, haces un informe en el trabajo, visitas a un enfermo. Todo tiene valor eterno cuando se hace para la gloria de Dios.

a) Oración guiada

> *«Padre, gracias por haberme dado un destino glorioso en Cristo. Perdóname por las veces en que he vivido distraído, como si esta tierra fuera mi hogar. Ayúdame a vivir con propósito eterno. Enséñame a contar mis días, a usar mi tiempo con sabiduría y a invertir en lo que tú valoras. Que cada día mío sea una semilla sembrada para tu Reino.*
> *Amén»*

4. APLICACIÓN PARA NO CREYENTES

Este libro no es solo para quienes ya creen. También es para ti que estás buscando respuestas, o que has vivido toda tu vida sin pensar seriamente en Dios, o que quizá crees en «algo superior» pero no tienes una relación personal con Jesucristo. Quizá has sido exitoso en lo que el mundo aplaude. Has logrado metas. Has trabajado duro. Has cuidado a tu familia. Has vivido decentemente.

Pero si hoy murieras... ¿qué pasa después? Esa es la pregunta más importante que jamás puedas hacerte. Y la Biblia no deja espacio para dudas:

> «...está establecido para los hombres que mueran una sola vez, y después de esto el juicio»
> (Hebreos 9:27)

a) ¿Cuál es tu fin actual?

Si tu fin en mente ha sido:

- Ganar dinero...
- Dejar una herencia...
- Ser una buena persona...
- Buscar paz interior...

Todo eso puede parecer noble, pero no es suficiente. Porque ninguno de esos fines puede reconciliarte con Dios. Ninguno puede perdonarte tus pecados. Ninguno puede darte vida eterna.

Jesús lo dijo con claridad:

> «¿Qué aprovechará al hombre si ganare todo el mundo, y perdiere su alma?»
> (Marcos 8:36)

b) La buena noticia: Dios quiere darte un nuevo fin, una nueva vida

La Biblia no solo nos advierte del juicio venidero. Nos anuncia esperanza, gracia y salvación:

> *«Porque la paga del pecado es muerte, mas la dádiva de Dios es vida eterna en Cristo Jesús Señor nuestro»*
> *(Romanos 6:23)*

Dios no quiere que vivas como si esta vida fuera todo lo que hay. Él te creó para conocerle, amarle y vivir para siempre con Él.
Por eso envió a su Hijo, Jesucristo:

- Jesús vivió la vida perfecta que tú y yo no hemos podido vivir.
- Jesús murió en la cruz como sustituto, cargando con nuestro pecado.
- Jesús resucitó para vencer la muerte y darnos vida nueva.

c) ¿Cómo empiezo a vivir con un fin eterno?

No necesitas volverte religioso. Necesitas nacer de nuevo. No necesitas cambiarte a ti mismo. Necesitas confiar en Jesús como tu Salvador y Señor. Hoy puedes comenzar de nuevo. Hoy puedes experimentar el perdón, la paz, el propósito eterno que solo Cristo ofrece.

> *«El que cree en el Hijo tiene vida eterna; pero el que rehúsa creer en el Hijo no verá la vida…»*
> *(Juan 3:36)*

d) Oración sugerida

> *«Señor, reconozco que he vivido como si tú no existieras. He perseguido mis propios fines y he ignorado tu voluntad. Perdóname. Creo que Jesús murió por mis pecados y resucitó. Hoy me entrego a ti. Hazme nuevo. Dame vida eterna. Enséñame a vivir con tus propósitos. Amén»*

e) Qué hacer ahora

1. Habla con alguien que ya camine con Cristo. Un amigo, pastor o creyente maduro.
2. Comienza a leer el Evangelio de Juan. Hazlo con una oración sincera:

«Dios, si eres real, muéstramelo».
3. Busca una iglesia que enseñe la Biblia. La vida cristiana no es individual. Necesitas una comunidad.

4. Conclusión: El fin verdadero lo cambia todo

Stephen Covey tenía razón en algo: lo que consideras tu destino, determina tus decisiones. Pero donde él ve la autorrealización como el destino, la Palabra de Dios nos muestra algo infinitamente más alto: ser conformados a la imagen de Cristo y estar para siempre con Él.

> *«Amados, ahora somos hijos de Dios, y aún no se ha manifestado lo que hemos de ser; pero sabemos que cuando él se manifieste, seremos semejantes a él, porque le veremos tal como él es»*
> *(1 Juan 3:2)*

a) Un destino que redefine la vida presente

Tener el «fin eterno» como norte no te desconecta de la realidad. Al contrario, le da peso y sentido eterno a lo cotidiano.

- Trabajas no solo para ganar dinero, sino para servir con excelencia y testimonio.
- Crías hijos no solo para que «se porten bien», sino para que conozcan y amen a Dios.
- Descansas no por ocio, sino para adorar con un corazón renovado.
- Tomas decisiones difíciles no por miedo al fracaso, sino con la paz de que estás agradando al Padre.

El fin eterno lo cambia todo.

b) El éxito verdadero: ser hallado fiel

En el mundo, el éxito se mide por reconocimiento, resultados y rendimiento. En el Reino de Dios, el éxito se mide por fidelidad, humildad y obediencia.

> «Ahora bien, se requiere de los administradores, que cada uno sea hallado fiel».
> *(1 Corintios 4:2)*

Cuando te presentes ante Cristo no te preguntará cuántos seguidores tuviste, cuánto dinero ganaste, o cuántas metas cumpliste. Te preguntará si le amaste con todo tu corazón, si serviste a otros por amor a Él, si viviste para Su gloria.

c) La motivación que sostiene

Vivir para lo eterno no es fácil en este mundo. La cultura te llamará anticuado, tu carne pedirá comodidad, el enemigo sembrará dudas. Pero tú no estás solo. Cristo está contigo, Su Palabra te guía, Su Espíritu te fortalece y Su promesa permanece firme.

> «Y el mundo pasa, y sus deseos; pero el que hace la voluntad de Dios permanece para siempre»
> *(1 Juan 2:17)*

d) Una última oración para el día a día

> «Padre eterno, gracias por darme un propósito más allá de esta vida. No quiero vivir para mí mismo, ni para este mundo pasajero. Ayúdame a vivir cada día con tus ojos, con tus valores y con tus prioridades. Que cuando me presente delante de ti, pueda oír: 'Bien, buen siervo y fiel'. En el nombre de Jesús. Amén»

Capítulo 3

Primero lo Primero – Buscar el Reino

«Mas buscad primeramente el reino de Dios y su justicia, y todas estas cosas os serán añadidas»
(Mateo 6:33)

«Enséñanos de tal modo a contar nuestros días, Que traigamos al corazón sabiduría»
(Salmo 90:12)

Lo urgente no siempre es lo más importante

En su tercer hábito, Stephen Covey propone un principio que ha transformado la manera en que muchas personas organizan su tiempo: «Primero lo primero». La idea es sencilla, después de definir tus valores y tus metas (es decir, «empezar con el fin en mente»), debes poner en primer lugar aquello que más importa. Debes actuar cada día conforme a tus prioridades, no conforme a tus presiones. Covey incluso elaboró una matriz muy conocida, la Matriz del Tiempo, que clasifica nuestras actividades diarias en cuatro categorías:

1. Urgente e Importante
2. No urgente pero Importante
3. Urgente pero No importante
4. Ni urgente ni importante

Él sugiere que la persona efectiva vive la mayor parte del tiempo en el cuadrante 2: lo no urgente pero importante. Allí están la planificación, el descanso con propósito, el aprendizaje, la formación de relaciones sólidas, el desarrollo personal y espiritual. Hasta aquí, esta enseñanza parece compatible con la sabiduría bíblica. Pero la pregunta sigue en pie:

¿Quién define qué es importante? ¿Quién tiene autoridad para establecer qué cosas deben ser «primeras» en nuestra vida? La respuesta de Covey es: tú mismo. Según él, tú defines tus valores, y a partir de ellos, defines tus prioridades. La respuesta de Cristo es muy diferente:

> «Buscad primeramente el Reino de Dios y su justicia...»
> *(Mateo 6:33)*

Aquí no somos nosotros quienes establecemos lo que es prioritario. Dios lo ha hecho ya. Y ha puesto Su Reino, Su gloria y Su voluntad en primer lugar.

Este capítulo no busca simplemente ayudarte a administrar mejor tu tiempo. Busca ayudarte a ordenar tu corazón. Porque si no tienes tus prioridades alineadas con el Reino, puedes vivir muy organizado... y muy alejado de Dios.

1. La prioridad del Reino de Dios

Cuando Jesús dijo: *«Buscad primeramente el Reino de Dios y su justicia...» (Mateo 6:33)*, no estaba dando un consejo opcional. Estaba estableciendo una prioridad absoluta para todos los que desean vivir conforme a la voluntad de Dios.

La palabra 'primero' no significa simplemente 'primero en una lista de muchas cosas'. En el lenguaje original, implica primacía, supremacía, lo que determina todo lo demás.

En otras palabras, si el Reino de Dios no es lo primero, todo lo demás está fuera de lugar.

a) ¿Qué es el Reino de Dios?

Muchos creyentes tienen una idea vaga del Reino de Dios. Algunos piensan que es el cielo. Otros, que es la iglesia. Pero bíblicamente, el Reino de Dios es el gobierno soberano de Dios sobre todas las cosas, manifestado especialmente en los corazones de aquellos que se someten voluntariamente a su señorío.

Cuando oramos «*venga tu Reino*» *(Mateo 6:10)*, estamos pidiendo:

«Que tu voluntad se haga en mi vida, en mi hogar, en mi trabajo, en mi iglesia, como se hace en el cielo»

Buscar el Reino de Dios es vivir cada día conforme al propósito de Dios, obedeciendo Su Palabra, y promoviendo Su gloria por encima de la nuestra.

b) Contraste con la cultura de productividad

Covey dice: «Organiza tu vida según tus prioridades». La Biblia dice: «Organiza tu vida según las prioridades de Dios».

Covey parte de la autodeterminación. Cristo parte del señorío de Dios. Covey quiere que tú seas el arquitecto. Cristo quiere que tú seas el siervo.

Y aquí está la gran paradoja del Reino: Cuando buscas primero a Dios... todo lo demás encuentra su lugar.

«...Y todas estas cosas os serán añadidas»
(Mateo 6:33b)

Dios no ignora tus necesidades prácticas. Él simplemente quiere que confíes en que Él sabe lo que realmente necesitas.

c) Ejemplo bíblico: Marta y María

En Lucas 10:38–42 leemos la historia de dos hermanas. Marta estaba afanada con los preparativos. María se sentó a los pies de Jesús. Marta se quejó... y Jesús respondió:

> «Marta, Marta, afanada y turbada estás con muchas cosas. Pero solo una cosa es necesaria; y María ha escogido la buena parte...»
> (Lucas 10:41-42)

Este pasaje no desprecia el servicio práctico. Pero muestra que, cuando nuestras prioridades están desordenadas, incluso cosas buenas se convierten en distracciones.

María escogió sentarse. Escuchar. Estar con Jesús. Ella puso primero lo primero.

d) ¿Qué revela tu agenda?

Si alguien tomara tu agenda semanal y la analizara objetivamente, ¿qué concluiría que es lo más importante para ti?

- ¿Tu crecimiento espiritual?
- ¿Tu tiempo con tu familia?
- ¿Tu servicio al Reino?
- O solo tus actividades laborales, tus compromisos sociales, tus distracciones personales?

Tu tiempo revela tu tesoro.

> «Porque donde esté vuestro tesoro, allí estará también vuestro corazón»
> (Mateo 6:21)

e) Un llamado a la reorientación

Quizá hoy necesitas hacer un alto y decir:

> *«Señor, he puesto muchas cosas por delante de ti. Perdóname. Ayúdame a reorganizar mi vida conforme a tus prioridades».*

El Reino de Dios no es solo un concepto teológico. Es un llamado diario a vivir bajo su gobierno, a tomar decisiones difíciles, a decir «no» a cosas buenas para decir «sí» a lo mejor. Y lo mejor... es Cristo reinando en cada área de tu vida.

2. Aplicando la matriz del tiempo con principios bíblicos

Una de las enseñanzas más prácticas de Covey es su matriz del manejo del tiempo, donde agrupa las actividades en cuatro cuadrantes según su nivel de urgencia e importancia. Pero aunque el modelo es útil, se queda corto en un punto crucial: no ofrece una base moral ni espiritual para distinguir lo verdaderamente importante.

Desde una perspectiva bíblica, no basta con administrar el tiempo... hay que redimirlo.

> *«Andad sabiamente para con los de afuera, redimiendo el tiempo»*
> *(Colosenses 4:5)*

a) Reinterpretando la matriz con cosmovisión bíblica

Aquí te presento la versión cristiana de la matriz del tiempo, con ejemplos bíblicos asociados a cada cuadrante:

Cuadrante	Tipo de actividad	Enfoque bíblico	Ejemplo bíblico / Aplicación
I	Urgente e importante	Obedecer con prontitud en lo crítico	Nehemías reparando el muro bajo presión (Nehemías 4)
II	No urgente pero importante	Sembrar a largo plazo en lo eterno	Josué preparando al pueblo antes de cruzar el Jordán (Josué 1)
III	Urgente pero no importante	Saber decir «no» a lo que desvía	Jesús retirándose de la multitud que quería hacerlo rey (Juan 6:15)
IV	Ni urgente ni importante	Despojarse del ocio inútil y del amor al entretenimiento	Proverbios 12:11; Efesios 5:15-17

Ejemplo: Nehemías y la reconstrucción del muro

Nehemías enfrentó una amenaza inmediata contra la obra que Dios le había encomendado. Supo actuar con discernimiento y valor, sin dejar de orar (Nehemías 4:9,17).

Hay momentos en los que debemos actuar con rapidez: una crisis familiar, una oportunidad espiritual única, una tentación repentina. Responder con fe, no con pánico, es clave.

c) Cuadrante II – Lo no urgente pero importante

Este es el cuadrante que más debemos cultivar como creyentes. Aquí se encuentra el tiempo a solas con Dios, el discipulado, el estudio serio de la Palabra, el servicio a largo plazo.

> «*El alma generosa será prosperada; y el que sacia, él también será saciado*»

(Proverbios 11:25)

Ejemplo: Josué

Antes de entrar en batalla, Josué pasa tiempo en preparación espiritual y logística (Josué 1). Él no reacciona por impulso: actúa con sabiduría basada en la Palabra de Dios.

Aplicación

Este cuadrante requiere intención: apartar tiempo en la agenda para lo que nadie exige... pero Dios espera.

d) Cuadrante III – Lo urgente pero no importante

Este cuadrante está lleno de interrupciones, demandas ajenas, distracciones disfrazadas de responsabilidad.

> *«El avisado ve el mal y se esconde; Mas los simples pasan y reciben el daño»*
> *(Proverbios 22:3)*

Ejemplo: Jesús y la multitud

En Juan 6:15, la gente quiere hacer rey a Jesús «a la fuerza», pero Él se retira al monte solo. No se deja atrapar por la presión popular.

Aprender a decir «no» es parte de vivir con prioridades eternas.

Aplicación

No toda urgencia es una prioridad. Pregúntate: ¿Esto es parte de mi llamado eterno o una distracción temporal?

e) Cuadrante IV – Ni urgente ni importante

Aquí vive el ocio sin propósito, la pereza, el entretenimiento excesivo.

> «*El que labra su tierra se saciará de pan, Mas el que sigue a los vagabundos es falto de entendimiento*»
> *(Proverbios 12:11)*

Ejemplo: La advertencia de Pablo

> «*No os canséis de hacer el bien… si alguno no quiere trabajar, tampoco coma*»
> *(2 Tesalonicenses 3:10–13)*

Aplicación

No se trata de eliminar el descanso, sino de diferenciar entre descanso restaurador y ocio vacío. Uno te prepara para servir, el otro te adormece espiritualmente.

f) Evaluación personal: ¿En qué cuadrante vives más?

Haz una revisión de tu semana pasada. Clasifica tus actividades en los cuadrantes. ¿Dónde pasaste más tiempo? ¿Qué necesitas ajustar?

g) Tabla de planificación sugerida para creyentes

Día / hora	Tiempo con Dios	Familia / Comunidad	Trabajo / Vocación	Evangelismo / Servicio	Tiempo personal sano
Lunes	630 - 7:00	Cena juntos 20:00	8:00 - 17:00	Orar por alguien	Lectura espiritual
Martes	6:30 - 7:15	Discipulado 19:30	8:00 - 17:00	Visita a enfermo	Caminata en oración
…	…	…	…	…	…

Pregúntate: ¿Esto honra a Dios, edifica a otros y me prepara para la eternidad?

3. Ejemplo práctico de planificación cristiana

Hablar de prioridades y tiempo es inútil si no aterrizamos esas ideas en la práctica diaria. La Biblia no nos da un calendario, pero sí principios muy claros para ordenar la vida conforme a la sabiduría de Dios.

> «*El corazón del hombre piensa su camino; Mas Jehová endereza sus pasos*»
> *(Proverbios 16:9)*

Dios espera que planifiquemos, pero que lo hagamos con humildad y dependencia.

Una agenda bien organizada no es signo de orgullo, sino de obediencia, cuando su centro es Cristo.

a) Cómo planificar desde el Reino y no desde el ego

El mundo te dice:

- Organiza tu tiempo para ser más productivo.
- Optimiza cada momento para alcanzar tus metas.
- El tiempo es oro.

La Biblia te dice:

- Organiza tu vida para ser más fiel.
- Aprovecha bien el tiempo porque los días son malos (Efesios 5:16).
- El tiempo no es oro... es un regalo de Dios que se administra con temor y sabiduría.

b) Pasos para planificar tu semana con visión eterna

1. Empieza con oración

    Antes de tomar el calendario, ora sinceramente:

    > «Señor, esta semana es tuya. Muéstrame tus prioridades para mí».

2. Incluye lo más importante primero

    - Tiempo devocional personal.
    - Vida familiar (no solo obligaciones, también tiempo de conexión).
    - Tiempo con la iglesia/comunidad de fe.
    - Tiempo para servir y discipular.
    - Espacios de descanso que te restauren (no solo entretengan).

3. Evalúa los compromisos

    - ¿Esto edifica?
    - ¿Refleja obediencia o presión social?
    - ¿Está alineado con mi llamado y propósito en Cristo?

4. Deja márgenes de gracia:

    No sobrecargues tu horario. El ritmo de Dios incluye descanso, silencio y espacio para lo inesperado.

    > «Mejor es un bocado seco, y en paz, que casa de contiendas llena de provisiones»
    > (Proverbios 17:1)

c) Tabla de ejemplo para organizar tu semana

PRIORIDADES BÍBLICAS

Día / hora	Tiempo con Dios	Familia / hogar	Trabajo / estudios	Iglesia / discipulado	Descanso saludable
Lunes	Oración y lectura bíblica	Preparar desayuno	8:00 - 17:00	...	Caminar / lectura
Martes	Devocional 6:30	Cena familiar 19:30	8:00 - 17:00	Célula en casa 20:00	Oración nocturna
Miércoles	Estudio bíblico	Llamada a padres	8:00 - 17:00	Orar por tutoría	Escritura
Jueves	Devocional 7:00	Salida familiar	Día libre	Preparar clase iglesia	Película edificante
Viernes	Tiempo de alabanza	Charla con hijos	8:00 - 15:00	...	Café con amigo creyente
Sábado	Oración con cónyuge	Limpieza juntos	...	Estudio bíblico en grupo	Tiempo sin pantalla
Domingo	Culto + enseñanza	Comida especial	...	Ministerio / servicio	Siesta / gratitud

Consejo: Esta tabla no es una ley, sino una herramienta. Debe adaptarse a tu contexto, pero siempre preguntando: ¿Esto refleja el Reino o mis impulsos? ¿Estoy sirviendo al Señor con gozo o sólo sobreviviendo la semana?

d) Ejemplo práctico: Laura, esposa y enfermera

Laura trabaja turnos largos en un hospital y lucha por equilibrar su tiempo con Dios, su familia y su servicio en la iglesia. Después de estudiar este principio, hace cambios radicales:

- Se levanta 30 minutos antes para tener un devocional simple, pero consistente.
- Pide a su esposo apartar los jueves para orar juntos.
- Renuncia a un grupo social para enfocarse en discipular a dos adolescentes de su iglesia.
- Apaga el celular una hora antes de dormir para leer y descansar con

propósito.

Su vida no se volvió más «fácil». Pero ahora está llena de sentido eterno.

e) Recordatorio para el corazón

«Todo tiene su tiempo, y todo lo que se quiere debajo del cielo tiene su hora»
(Eclesiastés 3:1)

Dios no te llama a hacerlo todo. Te llama a hacer lo que Él preparó de antemano para que andes en ello (Efesios 2:10). Planifica no para controlar tu vida, sino para someterla conscientemente al señorío de Cristo.

4. Aplicación para creyentes

Hablar del tiempo puede ser incómodo. Muchos creyentes sienten culpa por no orar lo suficiente, por no organizarse bien, por estar demasiado ocupados o por no ser «tan espirituales» como otros. Pero este capítulo no es para generar culpa, sino para traer libertad.

Cuando Cristo gobierna nuestro tiempo, encontramos gozo, paz, descanso verdadero y un sentido profundo en cada día.

a) Diagnóstico honesto: ¿Cómo estoy usando mi tiempo?

Te invito a detenerte y responder con sinceridad:

- ¿Cuánto tiempo paso en cosas que fortalecen mi alma?
- ¿Qué actividades me distraen más que me edifican?
- ¿Estoy dejando espacio para el silencio, la oración, el discipulado?

- ¿Estoy tan ocupado sirviendo que he descuidado mi comunión con Dios?

> *«El corazón alegre hermosea el rostro; mas por el dolor del corazón el espíritu se abate… El sabio de corazón recibe los mandamientos»*
> *(Proverbios 15:13, 10:8)*

El objetivo de esta autoevaluación no es castigarte, sino redirigir tu corazón a lo que realmente importa: buscar primero el Reino.

b) Pasos prácticos para alinear tu tiempo con el Reino

1. Empieza con el «día del Señor»

   Rededica tus domingos como un día sagrado. No para el ocio, sino para la adoración, el descanso restaurador y la comunión con la iglesia.

> *«Acuérdate del día de reposo para santificarlo»*
> *(Éxodo 20:8)*

2. Establece una rutina diaria con propósito eterno

   No necesitas horas. Empieza con minutos:

   - 10 minutos de oración sincera.
   - Un salmo al despertar.
   - Un versículo en tu escritorio.
   - Una pausa al mediodía para dar gracias.

3. Desintoxica tu agenda

   Haz una lista de compromisos. Pregúntate:

   - ¿Esto glorifica a Dios?

- ¿Esto está robando mi energía sin fruto?
- ¿Dios me está pidiendo que diga «no» a esto?

4. Pide ayuda y rendición de cuentas

Un hermano o hermana madura puede ayudarte a evaluar tu agenda con objetividad y compasión. La vida cristiana no fue diseñada para vivirse solo.

c) Ejemplo inspirador: Samuel, joven universitario

Samuel estudia arquitectura. Vive presionado, duerme poco y siempre se siente «atrasado». Después de estudiar este principio bíblico, toma decisiones valientes:

- Cambia parte de su rutina nocturna por 30 minutos de comunión con Dios.
- Decide asistir fielmente a su grupo de jóvenes cada semana, aunque signifique menos tiempo en redes sociales.
- Usa los tiempos de traslado para orar o escuchar predicación sólida.

¿Perdió eficiencia? Tal vez. ¿Ganó perspectiva, paz y propósito? Sin duda.

d) Oración para reorganizar tu vida

«Padre bueno, mi tiempo es tuyo. Perdóname por usarlo sin sabiduría. Gracias por darme cada día como una oportunidad para glorificarte. Enséñame a decir «sí» a lo que edifica y «no» a lo que estorba. Haz que mis días cuenten, no para fama o éxito, sino para tu Reino. Dirige mi calendario como tú diriges mi corazón. Amén»

5. APLICACIÓN PARA NO CREYENTES

Querido lector, si tú aún no te has rendido a Jesucristo como Señor y Salvador, todo lo que hemos dicho hasta ahora sobre prioridades, tiempo, propósito, sabiduría, puede parecerte útil, incluso inspirador.

Pero la verdad es que ninguna organización personal te puede salvar. Ninguna agenda bien planeada te puede dar vida eterna.

> «Hay camino que al hombre le parece derecho; Pero su fin es camino de muerte»
> *(Proverbios 14:12)*

La gestión del tiempo no es suficiente. Lo urgente para ti hoy no es reorganizar tu semana... es reconciliarte con Dios.

a) Lo más importante no es el reloj

Dios te dio tiempo como un regalo. Cada segundo es una muestra de su paciencia contigo, pero ese tiempo no es eterno.

Un día, no sabes cuándo, llegará tu último aliento. Y ese día, la única pregunta que importará será: ¿Estás en paz con Dios?

> «Buscad a Jehová mientras puede ser hallado, llamadle en tanto que está cercano»
> *(Isaías 55:6)*

b) Lo que verdaderamente urge: tu salvación

Tu alma es eterna. Tu destino no lo define tu esfuerzo ni tus logros, lo define tu relación con Cristo. Jesús no vino solo a darte principios para vivir mejor. Él vino a darte una vida nueva. Murió por tus pecados y cargó tu vergüenza. Resucitó para darte perdón, libertad, sentido y eternidad.

> «En tiempo aceptable de he oído; he aquí ahora el día de salvación»
> *(2 Corintios 6:2)*

c) Deja que Cristo ordene tu vida desde adentro

Hoy puedes dejar de correr sin dirección. Puedes dejar de vivir solo para ti. Puedes comenzar una vida transformada, donde tus días ya no giran alrededor del ego, sino alrededor del Reino de Dios. Y todo comienza no con una agenda... sino con una rendición.

> *«Venid a mí todos los que estáis trabajados y cargados, y yo os haré descansar»*
> *(Mateo 11:28)*

d) Oración de entrega

> *«Señor Jesús, reconozco que he vivido sin ponerte en primer lugar. He usado mal mi tiempo, he buscado mis propios fines y he ignorado tu voz. Perdóname. Creo que moriste por mí, que resucitaste y que solo en ti hay salvación. Hoy me rindo. Toma el control de mi vida. Hazme nuevo. Enséñame a vivir con tus prioridades y con tu paz. Amén»*

e) ¿Qué sigue ahora?

1. Habla con un creyente maduro que te ayude a crecer.
2. Empieza a leer el Evangelio de Marcos. Lee con un corazón abierto.
3. Busca una iglesia que ame la Palabra y exalte a Cristo.
4. Empieza a vivir una vida nueva. No por obligación, sino por gratitud.

5. Conclusión: Prioridades con propósito eterno

Hemos llegado al final de este capítulo, pero tal vez al principio de una nueva manera de vivir. No se trata solo de ordenar tu horario. Se trata de reordenar tu corazón.

Jesús no vino para ayudarte a ser más productivo. Vino para rescatarte de vivir para ti mismo y llevarte a vivir para Él.

Cuando entiendes esto, todo cambia:

- Tus mañanas ya no comienzan con ansiedad, sino con entrega.

- Tus semanas ya no están llenas de obligaciones vacías, sino de propósito.
- Tus decisiones no están guiadas por la presión, sino por la prioridad del Reino.

a) El principio detrás del hábito: Dios primero

«Primero lo primero» no significa hacer más. Significa vivir para lo que más importa: la gloria de Dios.

> *«Si, pues, coméis o bebéis, o hacéis otra cosa, hacedlo todo para la gloria de Dios»*
> *(1 Corintios 10:31)*

Y cuando Él es el primero...

- El resto encuentra su lugar.
- Lo urgente deja de dominarte.
- Lo importante ya no es lo que tú definas, sino lo que Dios valora.

b) Un llamado a la acción con gracia

Este capítulo no es una carga, sino una invitación.

Cristo no nos dice: «Sé más organizado para que seas aceptado». Él nos dice:

> *«...aprended de mí... y hallaréis descanso...»*
> *(Mateo 11:29)*

La verdadera planificación cristiana nace de una vida en comunión con Jesús.

c) Oración final

«Señor, gracias por darme vida, tiempo y propósito. Gracias por llamarme a vivir no para mí, sino para ti. Ayúdame a poner primero tu Reino. Que cada hora mía refleje que tú eres mi Rey. Que cada día que me das, lo viva con fe, sabiduría y amor. Dirige mis pasos. Ordénalos según tu voluntad. Y que mi agenda, como mi corazón, esté rendida completamente a ti. En el nombre de Jesús. Amén»

Capítulo 4

Pensar Ganar/Ganar – El llamado bíblico a la honra y al servicio mutuo

«Nada hagáis por contienda o por vanagloria; antes bien con humildad, estimando cada uno a los demás como superiores a él mismo»
(Filipenses 2:3)

«Amaos los unos a los otros con amor fraternal; en cuanto a honra, prefiriéndoos los unos a los otros»
(Romanos 12:10)

Introducción: Más allá del beneficio mutuo – hacia la honra cristocéntrica

El cuarto hábito de Stephen Covey es «Pensar en Ganar/Ganar». Su propuesta es buscar relaciones donde ambas partes salgan beneficiadas. En lugar de competir o manipular, debemos procurar acuerdos donde todos ganen, fomentando así una cultura de colaboración, respeto y éxito compartido.

Desde una perspectiva empresarial, educativa o familiar, este principio ha ayudado a muchas personas a resolver conflictos, negociar mejor y construir relaciones duraderas.

Pero aquí surge una pregunta importante para el creyente: ¿Es esto todo lo que la Biblia nos enseña sobre cómo relacionarnos con otros?

La respuesta es que la Biblia va mucho más allá. No nos llama simplemente a negociar para que todos ganen... Nos llama a morir a nosotros mismos por amor a los demás. Nos llama a honrar al otro por encima de nosotros; a servir, incluso cuando «perdemos» temporalmente; a perdonar, incluso cuando el otro no se lo merece; a buscar la gloria de Dios, antes que nuestra conveniencia.

El modelo bíblico no es «ganar/ganar», sino «yo disminuyo para que Cristo crezca» (Juan 3:30), y que por mi entrega otros también puedan crecer.

DIFERENCIAS ESENCIALES ENTRE GANAR/GANAR Y LA ÉTICA DEL REINO

Hábito de Covey	Ética bíblica del reino
Todos ganan (mutuo beneficio)	Todos sirven (mutua edificación, incluso con sacrificio)
Se busca equidad	Se busca humildad y gracia
La negociación es central	El amor, el perdón y la honra son centrales
Cada quien protege sus intereses	Cada quien se entrega por el bien del otro

Este capítulo abordará cómo una verdadera vida cristiana se manifiesta no solo en una relación de respeto mutuo, sino en una vida de honra, entrega y edificación en comunidad.

Porque en el Reino «ganar» no siempre significa recibir más... A veces ganar es morir a uno mismo para que Cristo sea glorificado.

1. EL CORAZÓN DEL CREYENTE TRANSFORMADO PARA HONRAR

El mundo funciona con un enfoque centrado en el yo: «¿Qué gano yo?», «¿Cómo me afecta a mí?», «¿Qué me corresponde?». Incluso las propuestas más nobles, como el «ganar/ganar» de Covey, siguen partiendo de una base de reciprocidad voluntaria: yo cedo, tú cedes; ambos ganamos. Pero el Evangelio transforma por completo esta manera de pensar. No nos llama a vivir en función del yo ni de la ganancia... Nos llama a vivir en función de Cristo y del otro.

a) La raíz de una nueva actitud: el corazón transformado

El creyente no vive motivado por conveniencia, sino por amor. No busca quedar bien, sino hacer el bien.

> *«Porque el amor de Cristo nos constriñe...»*
> *(2 Corintios 5:14)*

Todo lo que hacemos hacia los demás debe partir de esta realidad: Hemos sido amados sin merecerlo, perdonados sin condiciones, salvados sin mérito. Eso nos cambia. Eso nos capacita para amar como Cristo ama.

b) Honrar por encima de competir

En el Reino de Dios, la meta no es «ganar», sino honrar.

> *«Amaos los unos a los otros con amor fraternal; en cuanto a honra, prefiriéndoos los unos a los otros»*
> *(Romanos 12:10)*

Honrar significa valorar al otro por lo que Dios ha hecho en él, no por lo que puede ofrecernos. Esto es radical. En una cultura que promueve la autoafirmación, la Biblia nos llama a afirmar a los demás. En un mundo que nos enseña a destacar, Dios nos enseña a elevar a los demás.

c) Ejemplo bíblico: David y Jonatán

En 1 Samuel 18-20 vemos una de las amistades más puras y sacrificiales en la

Escritura: la de David y Jonatán. Jonatán tenía todo para competir. Era el heredero del trono. Pero, cuando vio el llamado de Dios sobre David, renunció voluntariamente a su derecho y lo honró.

> *«Y Jonatán se quitó el manto que llevaba, y se lo dio a David... hasta su espada, su arco y su talabarte»*
> *(1 Samuel 18:4)*

Eso no fue un acuerdo «ganar/ganar». Fue humildad, honra y amor desinteresado.

d) Jesús: el modelo supremo de honra por amor

> *«Haya, pues, en vosotros este sentir que hubo también en Cristo Jesús»*
> *(Filipenses 2:5)*

Jesús no vino a buscar su propio bien, sino el nuestro. Se humilló, se vació, se entregó... para que nosotros fuésemos salvos.

> *«...el Hijo del Hombre no vino para ser servido, sino para servir...»*
> *(Mateo 20:28)*

La verdadera ética cristiana no se basa en convenios. Se basa en la cruz.

e) Llamado al creyente: ¿a quién estás llamado a honrar hoy?

Pregúntate con sinceridad:

- ¿Hay alguien a quien estoy resistiendo honrar por orgullo?
- ¿Estoy buscando relaciones que me beneficien o que glorifiquen a Cristo?
- ¿Estoy dispuesto a ceder, perdonar o servir aunque no reciba nada a cambio?

El corazón transformado por el Evangelio es un corazón libre para amar, servir y honrar sin esperar aplausos.

2. Más que negociación: entrega y mutualidad en el cuerpo de Cristo

Stephen Covey presenta el principio Ganar/Ganar como una forma de llegar a acuerdos en los que ninguna parte pierda. Él llama a evitar los extremos de ganar/perder (relaciones opresivas) o perder/ganar (personas manipuladas o sumisas). Su solución: colaboración que beneficie a ambas partes.

Desde una perspectiva humana, esto es razonable. Pero el Reino de Dios no se rige por equidad... se rige por gracia. El modelo bíblico para las relaciones no es la negociación, sino la mutua entrega.

a) La lógica del Reino: yo me doy por ti, tú te das por mí

En el cuerpo de Cristo, el centro no es la ventaja, sino el amor. Y el amor no mide cuánto recibe... mide cuánto se entrega.

> *«Sobrellevad los unos las cargas de los otros, y cumplid así la ley de Cristo»*
> *(Gálatas 6:2)*

> *«Ninguno busque su propio bien, sino el del otro»*
> *(1 Corintios 10:24)*

Covey busca equilibrio. La Escritura busca edificación mutua, aún a costa personal.

b) Mutualidad: un diseño divino para la comunidad cristiana

En Romanos 12, Pablo presenta la imagen del cuerpo: todos son diferentes, necesarios e interdependientes. El cristianismo no es individualista, no es un trato entre «tú y Dios solamente», es vivir como miembros los unos de los otros.

> *«Así nosotros, siendo muchos, somos un cuerpo en Cristo, y todos miembros los unos de los otros»*
> *(Romanos 12:5)*

Esto significa que:

- No vivo para mí solo.
- Mis dones no son para lucirme, sino para servir.
- La bendición del otro es mi gozo.
- Su dolor, mi carga.

c) Ejemplo bíblico: la iglesia primitiva

> *«Y perseveraban en la doctrina de los apóstoles, en la comunión unos con otros, en el partimiento del pan y en las oraciones… y vendían sus propiedades y sus bienes, y los repartían a todos según la necesidad de cada uno»*
> *(Hechos 2:42, 45)*

Esa iglesia no buscaba ganar, buscaba dar. Y como resultado, el Señor añadía cada día a los que habían de ser salvos. No negociaban entre ellos. Se entregaban con gozo.

d) ¿Cómo se ve esto hoy?

Ejemplo práctico: Andrés y Mariana

Andrés es pastor. Mariana es maestra voluntaria en la iglesia. Ambos están agotados por sus responsabilidades, pero deciden reunirse una vez al mes solo para orar el uno por el otro, sin pedir nada más. No hay beneficio «estratégico». Solo amor fraternal y edificación mutua. Ese tipo de relación no se construye con técnicas... se construye con entrega.

e) Llamado personal: ¿Estoy dispuesto a amar de manera inconveniente?

- ¿Sirvo cuando es cómodo o cuando es necesario?
- ¿Busco al otro solo cuando yo gano algo?
- ¿Estoy dispuesto a invertir en personas que no pueden devolverme el favor?

> «No mirando cada uno por lo suyo propio, sino cada cual también por lo de los otros»
> *(Filipenses 2:4)*

Cristo no nos llama a una relación de equilibrio... Nos llama a una vida de sacrificio mutuo en el poder del Espíritu.

3. Honra práctica en la vida diaria del creyente

Hablar de honra puede sonar abstracto. Pero en el Reino de Dios, la honra es profundamente práctica. No es una emoción, es una acción. No es algo que sentimos solamente hacia personas «dignas», sino algo que elegimos dar como un reflejo del carácter de Cristo.

> «...sed todos de un mismo sentir, compasivos, amándoos fraternalmente, misericordiosos, amigables; no devolviendo mal por mal, ni maldición por maldición, sino por el contrario, bendiciendo...»
> *(1 Pedro 3:8–9)*

a) Honrar en el hogar

El hogar es donde más fácilmente descuidamos la honra... porque es donde más cómodos nos sentimos. Pero los primeros en recibir nuestro respeto, cuidado y honra deben ser quienes comparten nuestra mesa.

- Esposos:

«Vosotros, maridos, igualmente, vivid con ellas sabiamente, dando honor a la mujer como a vaso más frágil...»
(1 Pedro 3:7)

- Esposas:

«La mujer sabia edifica su casa; Mas la necia con sus manos la derriba»
(Proverbios 14:1)

- Hijos:

«Honra a tu padre y a tu madre...»
(Éxodo 20:12)

No solo obediencia externa, sino respeto constante en palabras, tono y actitud.

Aplicación práctica

Honrar en casa significa hablar con respeto, asumir responsabilidades sin que te lo pidan, evitar sarcasmos y expresar gratitud incluso en lo cotidiano.

b) Honrar en la iglesia

La iglesia es familia espiritual. No es un club, una empresa ni una plataforma. Es un cuerpo interdependiente.

«Honrad a todos. Amad a los hermanos»
(1 Pedro 2:17)

¿Cómo se honra en la iglesia?

- Escuchando a otros con atención y sin juzgar.
- No hablando mal de otros miembros.
- Dando lugar a los dones de otros sin competir.
- Sirviendo con alegría, no por reconocimiento.
- Apoyando a tus líderes espirituales con oración, respeto y disposición.

«Los ancianos que gobiernan bien, sean tenidos por dignos de doble honor..."
(1 Timoteo 5:17)

c) Honrar en el trabajo o la escuela

Aunque el mundo laboral o académico no hable de «honra», los creyentes deben marcar la diferencia.

«Siervos, obedeced en todo a vuestros amos terrenales, no sirviendo al ojo... sino con corazón sincero, temiendo a Dios»
(Colosenses 3:22)

Hoy diríamos:

- Trabaja no solo cuando te observan.
- Respeta a tus superiores, aunque no siempre tengas afinidad.
- Sé puntual, íntegro, y edificante.
- No hables mal de compañeros.
- Da lo mejor, no para ganar posición, sino para honrar a Cristo.

d) Honrar en redes sociales y conversaciones públicas

Sí, también aquí aplica el llamado a honrar. La honra cristiana no se apaga cuando se prende la pantalla.

«El necio da rienda suelta a toda su ira, mas el sabio al fin la sosiega»
(Proverbios 29:11)

> «Sea vuestra palabra siempre con gracia, sazonada con sal...»
> (Colosenses 4:6)

No importa cuán justa parezca tu causa, nunca pierdas la compostura cristiana. La verdad no se defiende con gritos ni burlas, sino con humildad, sabiduría y firmeza mansa.

e) Honrar a los «menos visibles»

Jesús nos enseñó a ver y valorar a los que el mundo ignora:

> «Y cualquiera que reciba en mi nombre a un niño como este, a mí me recibe»
> (Mateo 18:5)

Honra a:

- El conserje de la iglesia.
- La hermana mayor que ora en silencio.
- El joven que lucha con dudas pero sigue viniendo.
- La madre agotada que llega tarde al servicio.

En el Reino, los últimos son primeros. Y el honor que das en lo secreto será recompensado en lo eterno.

f) Una oración diaria para vivir en honra

> «Señor Jesús, tú me amaste cuando yo no lo merecía. Ayúdame hoy a honrar a los demás como tú me honraste con tu cruz. Que mis palabras, actitudes y decisiones reflejen tu gracia. Que mi vida sea una carta viva que diga: 'Cristo vive en mí'. Amén»

4. APLICACIÓN PARA CREYENTES

La honra, en el Reino de Dios, no es una actitud secundaria ni un adorno social. Es una expresión de humildad, de amor genuino y de una vida rendida a Cristo. Pero para muchos cristianos, esto sigue siendo una idea lejana. La cultura ha normalizado el orgullo, la crítica, la ironía, la competencia y el egocentrismo.

Por eso, este punto busca ayudarte a evaluar tu vida y a cultivar un estilo de vida contracultural de honra, entrega y edificación mutua.

a) Autoevaluación: ¿Vivo con un corazón que honra?

Ponte delante del Señor y pregúntate con sinceridad:

- ¿Tienden mis palabras a edificar o a criticar?
- ¿Respeto y afirmo a quienes piensan distinto dentro del cuerpo de Cristo?
- ¿Celebro los dones de otros sin sentir celos?
- ¿Me esfuerzo por servir con excelencia aunque nadie lo vea?
- ¿Estoy dispuesto a perder «posición» si eso glorifica a Cristo?

> «…antes bien con humildad, estimando cada uno a los demás como superiores a él mismo…»
> *(Filipenses 2:3)*

b) Acciones concretas para cultivar la honra

1. Haz una lista de personas que necesitas honrar mejor.

   Incluye a tu cónyuge, hijos, pastores, compañeros de trabajo, hermanos de la iglesia… incluso aquellos con los que has tenido roces.

2. Ora por cada uno, y haz algo específico esta semana:

   - Escríbeles una nota de gratitud.

- Pide perdón si has fallado en el respeto o aprecio.
- Ayúdales sin que te lo pidan.
- Habla bien de ellos delante de otros.

3. Haz de la honra una disciplina espiritual.

Así como oras y lees la Palabra, decide honrar a una persona cada día con tus palabras, actos o pensamientos.

> «Y todo lo que hagáis, hacedlo de corazón, como para el Señor y no para los hombres»
> *(Colosenses 3:23)*

c) Lidiar con la dificultad: ¿Y si la otra persona no me honra?

La honra bíblica no es condicional. No depende de si la otra persona es perfecta, si me cae bien, o si lo «merece».

> «Amad, pues, a vuestros enemigos, y haced bien… y será vuestro galardón grande, y seréis hijos del Altísimo…»
> *(Lucas 6:35)*

Cristo nos honró con su vida… cuando nosotros aún éramos pecadores. Ahora Él nos llama a hacer lo mismo.

d) Ejemplo real: Ernesto, diácono cansado

Ernesto ha servido en su iglesia por más de diez años. Últimamente se ha sentido invisible, pocos agradecen su trabajo. Comenzó a llenarse de amargura, pero al estudiar estos principios, el Espíritu lo confrontó. En lugar de retirarse del ministerio, decidió renovar su corazón. Comenzó a orar por sus hermanos, a servir con gozo y a honrar a los demás sin esperar nada. Hoy, aunque sigue sin ser muy notado, su rostro refleja paz. Y su recompensa está guardada... en el cielo.

e) Oración de entrega

> *«Padre, confieso que muchas veces he vivido buscando honra para mí. Perdóname por criticar, competir y callar cuando debía afirmar. Dame un corazón humilde, una lengua que edifica, y manos dispuestas a servir. Que mi vida exalte a Cristo al honrar a cada persona que pones a mi lado. Amén»*

5. Aplicación para no creyentes

Tal vez has leído hasta aquí y te has sentido motivado por la idea de vivir con más respeto, más compasión, más armonía. Puede que incluso estés de acuerdo con muchos de los principios mencionados. Pero aquí hay algo que necesitas saber con claridad y amor: Ningún cambio duradero en tu forma de tratar a los demás será verdadero si no empieza por un cambio en tu corazón. Y ese cambio no lo produce la disciplina, ni el esfuerzo, ni la voluntad... sólo lo produce Cristo.

a) La raíz del problema: un corazón centrado en sí mismo

Todos queremos ser respetados, valorados y escuchados. Pero rara vez estamos dispuestos a dar lo mismo a los demás. ¿Por qué? Porque el pecado ha roto nuestra capacidad de amar con sinceridad. Nos ha vuelto egocéntricos, manipuladores, interesados.

> *«Engañoso es el corazón más que todas las cosas, y perverso; ¿quién lo conocerá?»*
> (Jeremías 17:9)

Sin Cristo, nuestras buenas intenciones se corrompen por el orgullo.

Queremos honrar... pero a cambio de algo. Queremos servir... cuando nos conviene. Queremos amar... pero con límites.

b) El corazón nuevo que Dios promete

Dios sabe que nuestro problema no es externo, sino interno. Y por eso, no vino a darnos un mejor método de relaciones humanas... vino a darnos un nuevo corazón.

> *«Os daré corazón nuevo, y pondré espíritu nuevo dentro de vosotros; y quitaré de vuestra carne el corazón de piedra...»*
> *(Ezequiel 36:26)*

Esa promesa se cumple en Jesucristo. Él vivió sin pecado. Sirvió a sus enemigos. Murió por aquellos que no lo amaban. Y resucitó para darte una vida nueva, con la capacidad real de amar como Él ama.

c) ¿Qué significa seguir a Cristo?

No es simplemente «ser mejor persona». Es reconocer que no puedes salvarte a ti mismo, que necesitas el perdón de Dios y que sólo Cristo puede darte una vida transformada desde adentro.

> *«De modo que si alguno está en Cristo, nueva criatura es; las cosas viejas pasaron; he aquí todas son hechas nuevas»*
> *(2 Corintios 5:17)*

Cuando Cristo entra en tu vida aprendes a:

- Perdonar como Él te perdonó (Colosenses 3:13).
- Servir sin esperar nada (Hechos 20:35).
- Amar incluso a quienes no lo merecen (Lucas 6:32–36).
- Buscar la gloria de Dios por encima de la tuya (Isaías 43:7).

d) ¿Qué necesitas hacer hoy?

No se trata de hacer promesas a Dios. Se trata de responder con fe al llamado de Cristo. Él dice:

> *«Venid a mí todos los que estáis trabajados y cargados, y yo os haré descansar»*
> *(Mateo 11:28)*

Hoy puedes venir a Él. No necesitas ser perfecto, sólo necesitas reconocer tu necesidad y confiar en Él como tu Salvador y tu Señor.

e) Oración de fe sugerida

> *«Señor Jesús, reconozco que he vivido centrado en mí mismo. He fallado en amar, en honrar, en perdonar. Pero hoy creo que tú moriste por mí y que sólo tú puedes darme un nuevo corazón. Me arrepiento de mi pecado y me rindo a ti. Dame una nueva vida, enséñame a amar como tú amas y úsame para tu gloria. Amén».*

f) ¿Qué sigue después?

1. Empieza a leer el Evangelio de Lucas. Allí verás cómo Jesús trata a las personas, incluso a los despreciados.
2. Busca una iglesia donde se predique la Biblia con claridad y amor.
3. Comparte con alguien tu decisión. No estás solo. El Reino es una familia.
4. Sigue creciendo. Dios comenzó contigo una obra... y la perfeccionará (Filipenses 1:6).

6. Conclusión: Ganar no es suficiente – Vivir para

EDIFICAR Y GLORIFICAR A CRISTO

El mundo nos ha enseñado que la vida es una competencia, que debemos buscar el éxito, la aprobación, el ascenso y las mejores oportunidades. Incluso la idea de «ganar/ganar» ,aunque más noble, sigue siendo insuficiente. Porque en el Reino de Dios no basta con que ambos ganen. Ambos deben glorificar a Dios.

> *«Así alumbre vuestra luz delante de los hombres, para que vean vuestras buenas obras, y glorifiquen a vuestro Padre que está en los cielos»*
> (Mateo 5:16)

a) El propósito no es beneficio mutuo, sino edificación mutua

Cuando los cristianos se relacionan no para obtener ventaja, sino para edificarse unos a otros en amor, entonces el Reino se manifiesta visiblemente.

> *«Así que, sigamos lo que contribuye a la paz y a la mutua edificación»*
> (Romanos 14:19)

Este es el lenguaje del Reino. No ganar, sino servir y construir.

b) Lo eterno pesa más que lo inmediato

En este mundo, el deseo de «ganar» es una urgencia constante. Pero cuando vivimos con los ojos puestos en la eternidad, entendemos que muchas veces «perder» aquí es ganar allá.

> *«Y cualquiera que haya dejado casas, o hermanos, o hermanas, o padre, o madre, o mujer, o hijos, o tierras, por mi nombre, recibirá cien veces más, y heredará la vida eterna»*
> (Mateo 19:29)

c) El carácter de Cristo es nuestro estándar

Nuestro objetivo no es una mejor relación interpersonal, sino una vida que refleje el carácter de nuestro Salvador.

Jesús no vivió para su conveniencia. Vivió —y murió— para la gloria de Dios y el bien de su pueblo.

> *«Pues para esto fuisteis llamados; porque también Cristo padeció por nosotros, dejándonos ejemplo, para que sigáis sus pisadas»*
> *(1 Pedro 2:21)*

Seguir a Cristo no es fácil. Pero es glorioso. Y cada paso que damos en humildad, honra, entrega y servicio... declara al mundo que Él vive en nosotros.

d) Oración final del capítulo

> *«Señor Jesús, gracias porque tú no buscaste tu ganancia, sino nuestra redención. Gracias por servir, amar y entregarte por nosotros. Hoy te pido que formes en mí ese mismo corazón. Que mis relaciones no estén marcadas por el interés propio, sino por la honra, la paciencia y la edificación. Que en todo, mi vida apunte a ti y glorifique tu nombre.*
> *Amén»*

Capítulo 5

Primero comprende – Escuchar con humildad y hablar con gracia

> «...todo hombre sea pronto para oír, tardo para hablar, tardo para airarse»
> *(Santiago 1:19)*

> «El sabio de corazón es llamado prudente, y la dulzura de labios aumentará el saber»
> *(Proverbios 16:21)*

Introducción: La humildad de escuchar y la sabiduría de hablar

Stephen Covey, en su quinto hábito, enseña una verdad poderosa: «Procura primero comprender y después ser comprendido». Su intención es clara: muchas personas se comunican no para entender al otro, sino para preparar su respuesta. Esto genera conflicto, desconexión y relaciones superficiales. Covey propone escuchar con empatía, sin juzgar, sin interrumpir, para luego expresar con claridad nuestro propio punto de vista.

En términos de sabiduría humana, este hábito es valioso. Pero una vez más, la pregunta clave es: ¿Qué dice la Palabra de Dios sobre cómo debemos escuchar y hablar?

La Biblia no sólo nos llama a escuchar por estrategia, sino por humildad. No sólo a hablar con claridad, sino con gracia y verdad. Porque en el Reino de Dios, la comunicación no se trata de ganar argumentos, sino de reflejar el carácter de Cristo.

Dos errores comunes que este capítulo confronta

I. Hablar demasiado, y escuchar poco

Vivimos en una era donde todos opinan, pocos escuchan y aún menos comprenden. Pero la Escritura dice:

> «*Aun el necio, cuando calla, es contado por sabio...*»
> (Proverbios 17:28)

II. Hablar con dureza, sin edificar

Muchos cristianos hablan con verdad, pero sin amor. Corrigen, pero no consuelan. Confrontan, pero no oran. Sin embargo, la Palabra manda:

> «*Sea vuestra palabra siempre con gracia, sazonada con sal...*»
> (Colosenses 4:6)

Este capítulo te ayudará a:

- Escuchar con el corazón de Cristo.
- Hablar como embajador del Reino.
- Comunicarte no para tener la razón, sino para edificar.
- Cultivar relaciones sanas, profundas y piadosas en casa, iglesia, trabajo y comunidad.

Porque al final no se trata de hablar más fuerte, sino de hablar con sabiduría, mansedumbre y verdad.

1. El llamado bíblico a escuchar con atención y mansedumbre

En un mundo saturado de palabras, interrupciones, opiniones y reacciones, escuchar es un acto revolucionario. Para el cristiano escuchar bien no es solo una habilidad relacional... es una señal de sabiduría, de humildad y de temor de Dios.

El sabio no es el que más habla, sino el que mejor escucha. El maduro no es el que domina la conversación, sino el que domina su lengua y presta atención con discernimiento.

a) Escuchar con sabiduría

> *«El oído que escucha las amonestaciones de la vida, entre los sabios morará»*
> *(Proverbios 15:31)*

Escuchar requiere atención voluntaria y un corazón dispuesto a ser corregido, formado o confrontado. Las Escrituras no nos llaman a escuchar solo cuando estamos de acuerdo, sino a escuchar para crecer.

> *«El que ama la instrucción ama la sabiduría; mas el que aborrece la reprensión es ignorante»*
> *(Proverbios 12:1)*

Covey propone escuchar para entender al otro. La Biblia propone escuchar para temer a Dios, amar al prójimo y vivir con sabiduría.

b) Escuchar con humildad

> *«Oirá el sabio, y aumentará el saber; y el entendido adquirirá consejo»*
> *(Proverbios 1:5)*

Quien cree que ya sabe todo, deja de aprender. Quien está dispuesto a oír, manifiesta dependencia del Señor y apertura a su instrucción por medio de Su Palabra y Su pueblo.

Jesús mismo, siendo Dios, escuchaba con atención. Cuando tenía 12 años, estaba en el templo «oyendo y preguntando» a los maestros (Lucas 2:46). ¡Qué ejemplo para nosotros!

c) Escuchar con mansedumbre

«No toma placer el necio en la inteligencia, sino en que su corazón se descubra»
(Proverbios 18:2)

El necio habla porque quiere impresionar. El sabio escucha porque desea comprender. El corazón manso no interrumpe para imponer su punto, sino que abre espacio para valorar lo que el otro expresa, incluso si no está de acuerdo.

«El corazón del entendido adquiere sabiduría; y el oído de los sabios busca la ciencia»
(Proverbios 18:15)

Mansedumbre no es pasividad, es fuerza controlada, dominio propio, interés sincero por el otro, disposición para responder con compasión.

d) Escuchar a Dios forma nuestro oído para los demás

El mejor entrenamiento para escuchar a los demás con sabiduría es aprender a escuchar primero a Dios.

«Entonces tus oídos oirán a tus espaldas palabra que diga: Este es el camino, andad por él»
(Isaías 30:21)

«Inclina, oh Jehová, tu oído, y escúchame, porque estoy afligido y menesteroso»
(Salmo 86:1)

La oración no solo es hablar a Dios, es también esperar en Él, recibir, atender y obedecer. Así también debemos tratar a quienes Dios pone a nuestro lado.

e) Ejemplo práctico: El poder de una escucha redentora

Carlos es un joven creyente que lucha con inseguridad. Su líder de discipulado, en lugar de darle soluciones rápidas, lo escucha con atención, sin interrumpir, sin minimizar, sin juzgar. Carlos llora, se siente comprendido. Y por primera vez en meses, abre su corazón para recibir consejo bíblico.

Ese momento no fue producto de técnica humana, sino de un corazón que ha aprendido a reflejar el oído de Dios.

f) Oración para escuchar con humildad

«Señor, enséñame a ser pronto para oír. Ayúdame a tener oídos atentos, no solo para ti, sino también para mi prójimo. Líbrame del orgullo que interrumpe, del juicio que bloquea y de la prisa que impide amar. Hazme sabio para escuchar como Cristo. Amén»

2. La sabiduría de hablar con gracia y verdad

Así como Dios nos llama a escuchar con humildad, también nos llama a hablar con sabiduría, gracia y verdad.

La manera en que un cristiano se comunica es uno de los frutos más visibles de su fe y madurez. No se trata solo del contenido, sino también del tono, el momento y la intención con la que hablamos.

«El que guarda su boca guarda su alma; mas el que mucho abre sus labios tendrá calamidad»
(Proverbios 13:3)

a) Hablar con propósito y no por impulso

La cultura actual premia lo espontáneo, lo impulsivo, lo provocador. Pero la sabiduría bíblica enseña que el sabio piensa antes de hablar. Que nuestras palabras no deben ser armas, sino herramientas de edificación.

> *«El corazón del justo piensa para responder; mas la boca de los impíos derrama malas cosas»*
> *(Proverbios 15:28)*

> *«El que ahorra sus palabras tiene sabiduría; de espíritu prudente es el hombre entendido»*
> *(Proverbios 17:27)*

Antes de hablar, el creyente debe preguntarse:

- ¿Esto glorifica a Dios?
- ¿Esto edifica al oyente?
- ¿Esto refleja el corazón de Cristo?

b) Hablar con gracia: el reflejo del Evangelio

> *«Panal de miel son los dichos suaves; suavidad al alma y medicina para los huesos»*
> *(Proverbios 16:24)*

Hablar con gracia no es evitar la verdad, sino comunicarla con compasión, mansedumbre y sabiduría. La gracia no endulza el pecado. Pero tampoco aplasta al pecador. La gracia habla con verdad, pero sin dureza. Corrige, pero no hiere innecesariamente. Confronta, pero no condena.

> *«El labio veraz permanecerá para siempre; mas la lengua mentirosa solo*

por un momento»
(Proverbios 12:19)

c) Hablar con verdad: sin manipulación ni engaño

El creyente debe hablar con integridad. Ni exageraciones, ni verdades a medias, ni manipulación emocional. La verdad dicha en amor es poderosa. La verdad sin amor... es destructiva.

«El justo aborrece la palabra de mentira; mas el impío se hace odioso e infame»
(Proverbios 13:5)

«Por lo cual, desechando la mentira, hablad verdad cada uno con su prójimo…»
(Efesios 4:25)

Nota: hablar la verdad no siempre significa decir todo lo que pienso. También requiere discernir cuándo callar, cuándo hablar y cómo hacerlo.

d) Ejemplo bíblico: Abigail, mujer sabia en palabras

En 1 Samuel 25, Abigail enfrenta una situación crítica: su esposo Nabal ha ofendido a David, quien planea vengarse. Ella se adelanta, prepara un presente y con palabras sabias, prudentes y llenas de humildad, evita una masacre.

«Ahora pues, señor mío, vive Jehová, y vive tu alma, que Jehová te ha impedido el venir a derramar sangre…»
(1 Samuel 25:26)

David la bendice por su sabiduría. Una mujer con palabras de gracia salvó una familia, honró a Dios y desvió la ira.

e) **Ejemplo práctico: Hablar como Cristo en una conversación difícil**

Rosa es líder de ministerio. Una voluntaria ha cometido un error grave. En lugar de reaccionar en el momento, Rosa ora, se prepara y se reúne con ella. La corrige con verdad, pero con palabras claras, misericordiosas y llenas de esperanza. La voluntaria llora, reconoce su error. Y ambas oran juntas.

La sabiduría no busca ganar una discusión, sino restaurar un corazón.

f) **Oración: Señor, enséñame a hablar como tú**

«Padre, mi lengua muchas veces ha herido más que edificado. Perdóname. Enséñame a hablar con la sabiduría que proviene de lo alto. Que mis palabras lleven tu gracia, tu verdad y tu paz. Que yo sea un instrumento de edificación, consuelo, corrección y amor. Amén»

3. Ejemplo práctico de comunicación bíblica en la vida diaria

Escuchar con humildad y hablar con gracia no son simplemente principios abstractos o virtudes ideales para pastores o líderes... son disciplinas diarias para todo creyente que desea reflejar el carácter de Cristo en su trato con los demás. Y como todo hábito cristiano, estas disciplinas se prueban y perfeccionan en los contextos más comunes de nuestra vida: la familia, la iglesia, el trabajo y las relaciones cotidianas.

a) **En el hogar: cuando hablar con gracia cuesta más**

Miguel, padre de familia, llega del trabajo agotado. Su hijo de diez años ha quebrado accidentalmente un adorno valioso. Su primera reacción es gritar, pero recuerda:

«El necio da rienda suelta a toda su ira; mas el sabio al fin la sosiega»
(Proverbios 29:11)

Miguel respira, ora brevemente y habla con su hijo con firmeza y amor. Corrige. Explica. Perdona. En lugar de temor, deja en su hijo un ejemplo de dominio propio.

Principio aplicado

En casa no debemos descargar nuestras frustraciones, sino modelar el fruto del Espíritu (Gálatas 5:22–23). La gracia empieza por el tono de nuestras palabras en lo cotidiano.

b) En la iglesia: cuando hay desacuerdo entre hermanos

Sara y Lucía están en desacuerdo por la organización de un evento ministerial. Las emociones se intensifican. Cada una tiene argumentos válidos, pero Sara da el primer paso:

«Al que responde antes de oír, le es fatuidad y oprobio»
(Proverbios 18:13)

Decide escuchar con atención. No interrumpe. No ataca. Luego, con respeto, expresa su punto. Ambas terminan orando juntas.

Principio aplicado

Las diferencias son inevitables. El orgullo las intensifica. La escucha sabia y la palabra oportuna desactivan conflictos antes de que crezcan.

c) En el trabajo: cuando hay presión, tensiones y correcciones

Luis trabaja en una oficina donde sus colegas suelen burlarse de los errores de otros. Un compañero nuevo se equivoca y todos lo critican. Luis se acerca y le dice en privado: «Estoy para ayudarte si lo necesitas. Yo también cometí errores cuando empecé».

> *«El corazón del justo piensa para responder…»*
> *(Proverbios 15:28)*

Días después, ese compañero le pregunta por su fe.

Principio aplicado

Nuestras palabras pueden ser puentes para el Evangelio o barreras que lo ocultan.

d) En la amistad: cuando alguien confía en ti su dolor

Mariana escucha a su amiga contarle que está pasando por un momento familiar difícil. Su impulso es aconsejar de inmediato, pero recuerda:

> *«…tiempo de callar, y tiempo de hablar»*
> *(Eclesiastés 3:7)*

Así que decide simplemente escuchar con atención, llorar con ella y orar juntas. Más adelante, le comparte un pasaje que ha sido consuelo para ella. Esa conversación se convierte en un punto de restauración.

Principio aplicado

A veces, la presencia empática vale más que mil consejos. Escuchar es un ministerio. Y hablar con gracia es una siembra de esperanza.

e) Una herramienta sencilla para comunicarte bíblicamente

Antes de hablar, pregúntate:

1. ¿Es esto verdad? (Efesios 4:25)
2. ¿Es necesario? (Proverbios 10:19)
3. ¿Es dicho con amor? (Efesios 4:15)
4. ¿Edificará al oyente? (1 Corintios 14:26b)
5. ¿Refleja a Cristo? (1 Pedro 4:11)

f) Oración para el día a día

> *«Señor, gracias por el regalo de la comunicación. Ayúdame a escuchar como tú escuchas, con paciencia y atención. Ayúdame a hablar como tú hablas, con verdad, gracia y propósito. Que mis palabras no hieran, sino sanen. Que mis conversaciones no alimenten el ego, sino glorifiquen tu nombre. Amén»*

4. APLICACIÓN PARA CREYENTES

Como creyentes, no solo hemos sido llamados a ser salvos, sino también a ser testigos vivos del carácter de Cristo en todo lo que hacemos, incluyendo, y especialmente, en la forma en que nos comunicamos.

La manera en que escuchamos, respondemos, corregimos, animamos o incluso disentimos, debe reflejar que Cristo habita en nosotros. La comunicación, para el creyente, no es un simple intercambio de palabras, sino una oportunidad continua de glorificar a Dios y edificar a otros.

a) ¿Cómo estoy hablando últimamente? Una evaluación del corazón

Jesús lo dejó claro:

> «*Porque de la abundancia del corazón habla la boca*»
> *(Mateo 12:34b)*

Por tanto, si mis palabras son duras, sarcásticas, impacientes o hirientes, no es un problema de «forma»... es un problema de corazón.

Haz esta reflexión:

- ¿Soy rápido para interrumpir o lento para comprender?
- ¿Uso el silencio como castigo o como espacio para escuchar?
- ¿Critico más de lo que afirmo?
- ¿Me cuesta pedir perdón por palabras mal dichas?
- ¿Busco tener la razón o reflejar a Cristo?

b) Acciones concretas para una comunicación que glorifique a Dios

1. Toma tiempo cada mañana para consagrar tu lengua a Dios.

Antes de hablar con los demás, habla con Dios:

> «*Pon guarda a mi boca, oh Jehová; guarda la puerta de mis labios*»
> *(Salmo 141:3)*

2. Haz una lista de personas con las que necesitas mejorar tu comunicación.

Pregunta: ¿A quién he ignorado? ¿A quién he herido? ¿Con quién debo ser más intencional al escuchar o hablar?

3. Practica el «ministerio de la palabra hablada» en tu contexto diario.

No esperes ser predicador. Hablar con gracia a tus hijos, consolar a una hermana en la fe, o corregir con ternura a alguien que tropieza, todo eso es ministerio verdadero.

4. Sé rápido para pedir perdón.

A veces, una sola palabra equivocada necesita toda una conversación para repararse.

> *«El que encubre sus pecados no prosperará; Mas el que los confiesa y se aparta alcanzará misericordia»*
> *(Proverbios 28:13)*

c) Comunicación en la vida devocional y comunitaria

Una vida de comunión con Dios fortalece la vida de comunión con los demás. Cuando escuchas su Palabra, sabes cómo hablar en la tuya. Cuando eres edificado por Él, puedes edificar a otros.

> *«El sabio de corazón recibirá los mandamientos, Mas el necio de labios caerá»*
> *(Proverbios 10:8)*

Ejemplo práctico

Si cada domingo recibes un mensaje lleno de gracia, ¿por qué hablar con dureza en la comida familiar? Si oras por la unidad de tu iglesia, ¿por qué murmurar entre semana?

d) Haz de tus palabras una herramienta para la reconciliación y la esperanza

> *«El que guarda su boca y su lengua, su alma guarda de angustias»*

(Proverbios 21:23)

Tus palabras pueden:

- Salvar un matrimonio
- Sanar una herida
- Confirmar un llamado
- Atraer un alma al Salvador
- Evitar una división
- Restaurar una amistad

Hazlas valer. No por presión externa... sino porque Cristo ya transformó tu corazón.

e) Oración de consagración

«Señor, tú eres el Verbo, la Palabra viva. Haz que mis palabras reflejen la tuya. Que yo escuche con atención, que hable con sabiduría, que edifique con gracia y que glorifique tu nombre con todo lo que comunico. Que mi boca no sea instrumento de división, sino de bendición. En el nombre de Jesús. Amén»

5. Aplicación para no creyentes

Estimado lector, si tú aún no has confiado en Jesucristo como tu Salvador, este capítulo puede haberte parecido útil, incluso inspirador. Tal vez reconoces que necesitas comunicarte mejor, escuchar más, hablar con más respeto... Pero la realidad es que ningún cambio profundo en tu comunicación será posible si no comienza con un cambio radical en tu corazón.

La raíz de nuestros conflictos no es simplemente mala educación o mal carácter. Es el pecado. Y la Biblia enseña que nuestras palabras revelan lo que hay dentro de nosotros.

a) Tus palabras reflejan tu estado espiritual

«Porque por tus palabras serás justificado, y por tus palabras serás condenado»
(Mateo 12:37)

Jesús dijo esto para mostrar que lo que hablamos es evidencia de lo que creemos, valoramos y adoramos. La mentira, la crítica constante, la arrogancia verbal, la ira explosiva... son síntomas de un corazón que necesita salvación.

«Ciertamente no hay hombre justo sobre la tierra, que haga el bien y nunca peque»
(Eclesiastés 7:20)

b) Dios no solo quiere mejorar tu forma de hablar... quiere darte una vida nueva

Dios no vino a hacerte más amable o más educado. Cristo vino a rescatarte de tu estado de separación eterna de Dios y darte una nueva identidad, una nueva mente, y una nueva boca.

«Entonces invocarás, y te oirá Jehová; clamarás, y dirá él: Heme aquí»
(Isaías 58:9)

Cuando Dios transforma tu corazón, transforma también tu forma de hablar, de escuchar y de tratar a los demás.

«Os daré corazón nuevo... y pondré dentro de vosotros mi Espíritu»
(Ezequiel 36:26–27)

c) **El primer paso es clamar a Dios desde el corazón**

No necesitas preparar un discurso. Solo necesitas reconocer tu necesidad de perdón y confiar en Jesús como tu Salvador y Señor. Él vivió sin pecado, murió en tu lugar, resucitó para darte vida eterna y ahora te invita a venir a Él tal como estás.

> *«Porque todo aquel que invocare el nombre del Señor, será salvo»*
> *(Romanos 10:13)*

d) **Oración de salvación sugerida**

> *«Dios eterno, reconozco que he pecado contra ti, también con mis palabras. He hablado con orgullo, dureza, mentira y egoísmo. Pero hoy me arrepiento. Creo que Jesucristo murió por mí y resucitó para darme una nueva vida. Te pido que me limpies, que me salves y que tomes el control de mi vida. Cambia mi corazón y cambia mi manera de vivir. En el nombre de Jesús. Amén»*

e) **Qué hacer ahora**

1. Lee el Evangelio de Juan. Verás cómo habla Jesús, cómo ama, cómo escucha.
2. Habla con un creyente que viva con integridad. Pide que te ayude a crecer.
3. Busca una iglesia centrada en la Biblia. El crecimiento en Cristo ocurre en comunidad.
4. Pide a Dios que use tu boca para dar vida, no para destruir.

> *«Señor, abre mis labios, y publicará mi boca tu alabanza»*
> *(Salmo 51:15)*

6. Conclusión: Comunicar como Cristo – una vida que

REFLEJA AL VERBO

El mundo está lleno de voces... pero vacío de verdad. Lleno de palabras... pero hambriento de gracia. En medio de ese ruido, Dios ha llamado a sus hijos a reflejar a Cristo, el Verbo hecho carne, en cada palabra que dicen y en cada conversación que sostienen.

«El que guarda su boca y su lengua, Su alma guarda de angustias»
(Proverbios 21:23)

Nuestro hablar no debe ser un eco más del mundo, sino un canal vivo del Reino de Dios. Cuando escuchamos con humildad y hablamos con sabiduría, reflejamos el carácter de nuestro Salvador.

a) Cristo, el Verbo encarnado, es nuestro modelo

«En él estaba la vida, y la vida era la luz de los hombres»
(Juan 1:4)

Jesús no solo habló con poder. Habló con propósito, compasión, y verdad. Calló cuando fue necesario. Respondió con firmeza cuando era justo. Enseñó a los sabios y consoló a los quebrantados. Sus palabras sanaban, perdonaban, restauraban... y sus silencios también hablaban.

b) Nuestra meta: reflejar a Cristo al hablar y al oír

El creyente maduro no es solo el que sabe mucho... sino el que habla poco, ora mucho y edifica con lo que dice.

«...el que refrena sus labios es prudente»
(Proverbios 10:19b)

«Manzana de oro con figuras de plata, Es la palabra dicha como

> *conviene»*
> *(Proverbios 25:11)*

c) Una vida de comunión se expresa en una comunicación santa

Una vida rendida a Cristo se nota en la forma en que:

- Escuchamos sin juzgar
- Hablamos sin herir
- Afirmamos sin adular
- Corregimos sin destruir
- Callamos cuando es sabio
- Hablamos cuando glorifica a Dios

> *«Por lo cual, desechando toda inmundicia... recibid con mansedumbre la palabra implantada, la cual puede salvar vuestras almas»*
> *(Santiago 1:21)*

d) Oración final del capítulo

> *«Señor Jesús, tú eres la Palabra perfecta. Que mi vida refleje tu compasión al escuchar, tu sabiduría al hablar y tu verdad al enseñar. Que cada palabra mía sea sembrada con amor, sazonada con gracia y guiada por tu Espíritu. Que, al hablar, otros te vean. Que, al callar, también te glorifique. Amén»*

Capítulo 6

Sinergia verdadera – Unidad en la diversidad para la gloria de Dios

«Para que todos sean uno; como tú, oh Padre, en mí, y yo en ti, que también ellos sean uno en nosotros; para que el mundo crea que tú me enviaste»

(Juan 17:21)

«Porque de la manera que en un cuerpo tenemos muchos miembros, pero no todos los miembros tienen la misma función, así nosotros, siendo muchos, somos un cuerpo en Cristo, y todos miembros los unos de los otros»

(Romanos 12:4–5)

Introducción: Más que colaboración, una comunión que glorifica a Cristo

Stephen Covey presenta el hábito 6, «Sinergizar», como la capacidad de generar resultados superiores mediante la cooperación. Según él, cuando personas con diferencias trabajan juntas con respeto y apertura, pueden lograr mucho más de lo que podrían por separado. Esta enseñanza es útil y aplicable en el mundo laboral, académico o familiar.

Sin embargo, en el Reino de Dios, la sinergia no es una estrategia... es una expresión del poder del Espíritu Santo. La Biblia no nos llama simplemente a «trabajar bien con otros», sino a vivir como un solo cuerpo, en el que cada miembro, con su diversidad de dones, carácter y función, edifica a los demás para la gloria de Cristo.

La unidad que Dios desea para su pueblo no se basa en uniformidad, ni en conveniencia, ni en intereses comunes. Se basa en algo mucho más profundo: la obra redentora de Cristo que nos ha hecho uno, y el Espíritu que habita en todos los verdaderos creyentes.

Diferencias clave entre la sinergia de Covey y la unidad del Reino

Enfoque de Covey	Enfoque bíblico del Reino
Buscar soluciones juntos	Buscar obedecer juntos a Cristo
Aprovechar las diferencias	Valorar la diversidad como diseño soberano de Dios
Lograr un mejor resultado	Glorificar a Dios mediante la edificación mutua
Requiere apertura y respeto	Requiere humildad, amor, perdón y sujeción al Espíritu

Esta unidad espiritual tiene efectos muy prácticos:

- Protege a la iglesia de divisiones carnales
- Aumenta la efectividad del testimonio cristiano
- Sostiene al creyente en medio del sufrimiento
- Multiplica el impacto del evangelio
- Refleja la belleza de la Trinidad: unidad perfecta en diversidad plena

Este capítulo nos llevará a entender que la verdadera «sinergia» no es el resultado de estrategia humana, sino el fruto de corazones humildes, sometidos al Señorío de Cristo, guiados por el Espíritu y comprometidos con la edificación de los demás.

1. LA UNIDAD ESPIRITUAL ES UNA OBRA DE DIOS, NO DEL ESFUERZO HUMANO

Covey sugiere que la sinergia nace cuando las personas aprenden a cooperar con empatía, respeto y apertura. Pero aunque esto puede dar frutos temporales, la unidad que perdura y glorifica a Dios no es fabricada por el hombre. Es una obra soberana del Espíritu Santo en corazones redimidos.

La Escritura es clara: la verdadera unidad cristiana no se origina en la voluntad humana ni en afinidades naturales ni en la organización, sino en la cruz de Cristo y en la nueva identidad que compartimos en Él.

> *«Porque él es nuestra paz, que de ambos pueblos hizo uno, derribando la pared intermedia de separación»*
> *(Efesios 2:14)*

a) Unidad que nace de una misma fe y un mismo Espíritu

La unidad del pueblo de Dios no es sentimental ni superficial. Es teológica y espiritual. Es el fruto de tener un mismo Salvador, un mismo Espíritu, una misma Palabra, una misma esperanza.

> *«Solícitos en guardar la unidad del Espíritu en el vínculo de la paz; un cuerpo, y un Espíritu, como fuisteis también llamados en una misma esperanza…»*
> *(Efesios 4:3–4)*

Esto significa que no «creamos» la unidad. Dios ya la ha hecho en Cristo. Nosotros estamos llamados a guardarla, protegerla y cultivarla.

b) El Espíritu Santo es el autor de la verdadera comunión

> *«Porque por un solo Espíritu fuimos todos bautizados en un cuerpo… y a todos se nos dio a beber de un mismo Espíritu»*
> *(1 Corintios 12:13)*

Esta verdad es revolucionaria. No importa la nacionalidad, el trasfondo, la edad o la historia. Si estamos en Cristo, estamos unidos espiritualmente por obra del Espíritu. Esa unidad trasciende las preferencias, los estilos y hasta los desacuerdos menores.

c) La unidad no se impone, se vive

En contextos seculares, la unidad suele construirse con acuerdos, liderazgo fuerte o estructuras. En la iglesia, la unidad se encarna. No se logra a través del control, sino del amor. No se sostiene por reglamentos,

> «Vestíos, pues, como escogidos de Dios... de humildad, mansedumbre, paciencia; soportándoos unos a otros, y perdonándoos...»
> (Colosenses 3:12–13)

La verdadera sinergia no es eficiencia. Es relación regenerada.

d) Ejemplo bíblico: La iglesia en Jerusalén

Después de Pentecostés, los creyentes no se organizaron como una empresa. Simplemente vivieron su nueva vida en Cristo... juntos.

> «Y perseveraban en la doctrina de los apóstoles, en la comunión unos con otros... Todos los que habían creído estaban juntos, y tenían en común todas las cosas»
> (Hechos 2:42,44)

La unidad no fue el objetivo. Fue el resultado natural de un mismo amor, una misma verdad y una misma presencia del Espíritu Santo.

e) Aplicación personal: ¿Cómo estoy contribuyendo (o no) a la unidad espiritual?

- ¿Estoy valorando a mis hermanos por lo que son en Cristo o por lo que me ofrecen?
- ¿Busco el bien común o mi preferencia?
- ¿Oro por la unidad de la iglesia o critico desde lejos?
- ¿Estoy dispuesto a ceder mi voluntad por el bien del cuerpo?

«No hagáis nada por contienda o por vanagloria...»
(Filipenses 2:3)

f) Oración para la unidad verdadera

«Señor, gracias por hacerme uno con tu pueblo por medio de la cruz. Perdóname por las veces en que he promovido división con mis palabras o actitudes. Enséñame a valorar a cada miembro de tu cuerpo como tú lo haces. Que yo no busque una unidad superficial, sino que camine en humildad, perdón y amor. Hazme parte activa de tu obra de reconciliación. Amén»

2. LA DIVERSIDAD EN EL CUERPO NO ES UN OBSTÁCULO, SINO UN DISEÑO DIVINO

En muchos entornos humanos, la diversidad es vista como un reto que hay que «administrar» o «tolerar». Las diferencias de personalidad, temperamento, cultura, dones, trasfondo o formas de pensar son a menudo fuente de fricción. Pero en el Reino de Dios, la diversidad no es una dificultad a resolver... sino una riqueza que refleja la sabiduría de su Creador.

«Ahora bien, hay diversidad de dones, pero el Espíritu es el mismo»
(1 Corintios 12:4)

Dios no repite moldes. Él forma a cada uno de sus hijos con un llamado y una función particular. Y su plan nunca fue que todos fuéramos iguales, sino que cada uno, en su diferencia, glorificara a Cristo de forma complementaria.

a) El cuerpo necesita todos sus miembros

> «*Si todo el cuerpo fuese ojo, ¿dónde estaría el oído? Si todo fuese oído, ¿dónde estaría el olfato?*»
> *(1 Corintios 12:17)*

El apóstol Pablo ilustra esta verdad con la imagen del cuerpo humano. Cada órgano es distinto, pero todos necesarios.

Así también en la Iglesia:

- Hay quienes predican y quienes oran en silencio.
- Hay quienes lideran y quienes sirven tras bambalinas.
- Hay quienes exhortan y quienes consuelan.
- Hay quienes tienen sabiduría práctica, y otros visión espiritual profunda.

Ninguno sobra. Ninguno debe ser despreciado.

> «*Ni el ojo puede decir a la mano: No te necesito…*»
> *(1 Corintios 12:21)*

b) La diversidad es reflejo del carácter multiforme de Dios

Dios mismo se revela en formas diversas:

- Como Padre que provee, cuida y guía
- Como Hijo que sirve, salva y enseña
- Como Espíritu Santo que consuela, capacita y transforma

La Trinidad nos enseña que es posible la unidad perfecta con funciones distintas. Y la Iglesia, como cuerpo de Cristo, refleja esa gloria cuando valora la diferencia como parte del plan divino.

> «*A fin de que seamos para alabanza de su gloria, nosotros los que primeramente esperábamos en Cristo*»

(Efesios 1:12)

c) No debemos temer ni reprimir la diferencia

Muchos conflictos en iglesias, familias o ministerios surgen no por pecado doctrinal, sino por falta de aprecio por la diferencia. Queremos que otros piensen, sirvan, reaccionen y vivan como nosotros. Pero eso es orgullo disfrazado de «orden». La madurez se nota cuando somos capaces de abrazar la diversidad sin exigir uniformidad.

«Recibid al débil en la fe, pero no para contender sobre opiniones»
(Romanos 14:1)

d) Ejemplo bíblico: Bernabé y Pablo

En Hechos 15, Pablo y Bernabé tienen un desacuerdo fuerte sobre Juan Marcos. Bernabé, hombre de ánimo, quiere darle otra oportunidad. Pablo, hombre de visión estratégica, decide avanzar sin él. Ambos siguen sirviendo a Dios... en caminos diferentes. Y Dios usa sus diferencias para extender aún más el Evangelio. Incluso Marcos, tiempo después, será restaurado y útil para el ministerio (2 Timoteo 4:11).

e) Aplicación: ¿Estoy valorando la diversidad como Dios la ve?

Pregúntate con sinceridad:

- ¿Critico a quienes hacen las cosas de manera distinta?
- ¿Estoy abierto a colaborar con quienes no comparten mi estilo, pero sí mi fe?
- ¿Estoy cultivando una actitud de humildad hacia las diferencias en mi iglesia?
- ¿Estoy consciente de que puedo aprender de otros, incluso si son distintos?

«Someteos unos a otros en el temor de Dios»

(Efesios 5:21)

f) Oración: Que vea la diferencia como don, no como amenaza

«Señor, perdóname por despreciar las diferencias que tú diseñaste con propósito. Hazme humilde para aprender de otros, sabio para edificar en medio de la diversidad y amoroso para servir en unidad. Que yo no me compare, ni compita, sino que me deleite en cómo has formado a tu pueblo. Úsanos juntos para mostrar tu gloria. Amén»

3. LA COLABORACIÓN CRISTIANA ES SERVICIO, NO ESTRATEGIA

En el mundo, la colaboración suele verse como un medio para un fin: trabajar con otros para alcanzar metas más rápido o de forma más eficaz. Es una estrategia funcional, una forma de obtener beneficios mutuos.

Pero en el Reino de Dios, la colaboración no es pragmática... es relacional. No nace de la necesidad, sino del amor. No busca eficacia, sino fidelidad. El modelo no es el de una empresa con empleados... es el de una familia espiritual donde cada miembro sirve con gozo.

«...El que quiera hacerse grande entre vosotros será vuestro servidor»
(Mateo 20:26)

a) El servicio mutuo es la base de la colaboración cristiana

«Porque vosotros, hermanos, a libertad fuisteis llamados... servíos por amor los unos a los otros»
(Gálatas 5:13)

Dios no nos salvó para que cada uno trabaje por su cuenta. Nos salvó para formar parte de un pueblo redimido que sirve en comunidad, en unidad y con humildad. Colaborar en el Reino no es alinear agendas, sino unir corazones bajo el señorío de Cristo.

b) El modelo de Jesús: liderazgo humilde y servicio sacrificial

> «Porque el Hijo del Hombre no vino para ser servido, sino para servir...»
> (Marcos 10:45)

En la última cena, cuando los discípulos discutían quién era el mayor, Jesús tomó una toalla, les lavó los pies y luego dijo:

> «...Ejemplo os he dado, para que como yo os he hecho, vosotros también hagáis»
> (Juan 13:15)

La colaboración en el cuerpo de Cristo se basa en ese espíritu: cada uno considerando al otro como digno de ser servido.

c) Colaborar es ceder espacio, compartir carga y caminar juntos

En una cultura obsesionada con el logro personal, el Evangelio nos llama a compartir:

- La carga del ministerio

«Llevad los unos las cargas de los otros...» (Gálatas 6:2)

- La alegría del fruto

«El que siembra y el que siega se regocijan juntamente» (Juan 4:36)

- La honra

«En cuanto a honra, prefiriéndoos los unos a los otros» (Romanos 12:10)

Colaborar como creyentes no es competir por el reconocimiento, sino edificar sin rivalidad.

d) Ejemplo bíblico: Moisés y los setenta ancianos

Cuando Moisés se agotaba liderando solo, Dios dijo:

> «...Reúneme setenta varones... y tomaré del espíritu que está sobre ti, y pondré en ellos...»

(Números 11:16–17)

La carga se compartió, el Espíritu fue derramado y el pueblo fue sostenido. El liderazgo bíblico no es centralizado, sino compartido. La obra de Dios no se construye por uno, sino con todos.

e) Aplicación personal: ¿Estoy colaborando o compitiendo?

Haz una revisión honesta:

- ¿Sirvo junto con otros con humildad o me cuesta ceder control?
- ¿Me alegro cuando otros prosperan en el ministerio o lucho con celos?
- ¿Estoy dispuesto a servir en lo pequeño o solo en lo visible?
- ¿Busco el bien del cuerpo... o el crecimiento de mi plataforma?

> «Nada hagáis por contienda o por vanagloria... estimando cada uno a los demás como superiores a él mismo»
> *(Filipenses 2:3)*

f) Oración: Señor, hazme colaborador del Reino, no constructor de mi ego

> «Padre, gracias por darme un lugar en tu cuerpo. Líbrame de la autosuficiencia y del orgullo. Enséñame a colaborar con amor, a ceder con humildad, y a servir como lo hizo Jesús. Que cada tarea mía sea para edificar a tu Iglesia y glorificar tu nombre. Amén»

4. Aplicación para creyentes

La sinergia verdadera en la vida cristiana no es algo que ocurre espontáneamente. Es el fruto de una comunidad que ha sido transformada por el Evangelio, que vive bajo el señorío de Cristo y que camina en obediencia al Espíritu Santo.

La pregunta clave no es: «¿Estoy trabajando bien con los demás?». Sino: «¿Estoy sirviendo a los demás por amor a Cristo?».

> *«Cada uno según el don que ha recibido, minístrelo a los otros, como buenos administradores de la multiforme gracia de Dios»*
> *(1 Pedro 4:10)*

a) Haz una revisión honesta de tu actitud hacia los demás miembros del cuerpo

Párate un momento y reflexiona:

- ¿Estoy dispuesto a trabajar con personas que son muy distintas a mí?
- ¿Soy parte de la solución o del problema en mi comunidad de fe?
- ¿Colaboro con gozo o con quejas internas?
- ¿Valoro a los demás creyentes como esenciales para el propósito de Dios?
- ¿Amo más mi manera de hacer las cosas que el bien del cuerpo?

> *«Porque el que se cree ser algo, no siendo nada, a sí mismo se engaña»*
> *(Gálatas 6:3)*

b) Iniciativas sencillas para cultivar sinergia bíblica

1. Ora regularmente por tu equipo de servicio, grupo pequeño o iglesia local.

   La unidad comienza en la intercesión.

2. Reconoce y afirma públicamente el trabajo de otros.

   Un «gracias», una palabra de ánimo o una oración en voz alta puede sanar heridas invisibles.

> «…Sean conocidas vuestras peticiones delante de Dios en toda oración…»
> (Filipenses 4:6)

3. Invita a colaborar a quienes normalmente no son considerados.

Los creyentes nuevos, los tímidos, los mayores o los jóvenes a veces son ignorados. Pero Dios quiere usarlos.

> «Para que no haya desavenencia en el cuerpo, sino que los miembros todos se preocupen los unos por los otros»
> (1 Corintios 12:25)

4. Resuelve conflictos con prontitud y gracia.

La sinergia no es ausencia de fricción, sino madurez para tratarla con verdad y amor.

> «…Si tu hermano peca contra ti, ve y repréndele estando tú y él solos…»
> (Mateo 18:15)

c) Sirve como parte del cuerpo, no como si fueras el todo

Muchos creyentes sienten que si ellos no lo hacen, no se hará bien. Pero esa mentalidad niega la multiforme gracia de Dios. Servir en sinergia es confiar en que Dios también obra a través de los demás.

> «No podemos contra la verdad, sino por la verdad»
> (2 Corintios 13:8)

Dios no necesita «héroes solitarios». Busca colaboradores humildes.

d) Ejemplo práctico: David y su equipo de valientes

En 2 Samuel 23 se mencionan los «valientes de David». Hombres diversos en dones y hazañas, pero todos comprometidos con un mismo rey y una misma causa. No eran iguales. No competían entre sí. Y juntos expandieron el Reino.

e) Oración de compromiso

«Señor, gracias por incluirme en tu cuerpo. Haz que yo no busque destacar, sino servir. Ayúdame a caminar con otros creyentes con humildad, paciencia y fe. Que mi vida sea una sinfonía con tus otros hijos, donde cada nota sirva para exaltar tu nombre. Amén»

5. Aplicación para no creyentes

Querido lector, si tú aún no has experimentado una relación personal con Jesucristo, tal vez este capítulo sobre unidad, colaboración y propósito común te haya parecido admirable. Quizás incluso sientas el deseo de vivir en una comunidad así, donde hay respeto, servicio y armonía. Pero es importante que sepas lo siguiente: La verdadera unidad que hemos descrito no puede lograrse por medios humanos. No basta con ser amable, tolerante o respetuoso. Esta unidad solo es posible cuando Dios te da una nueva vida por medio del Evangelio.

a) Sin Dios, cada uno busca lo suyo

La Biblia enseña que, como humanidad caída, todos tendemos al egoísmo, al orgullo y a la división. Aun cuando colaboramos con otros, lo hacemos por interés o necesidad. Esto no es un defecto de carácter: es una consecuencia del pecado.

«Cada cual se apartó por su camino…»
(Isaías 53:6)

> *«No hay quien haga lo bueno, no hay ni siquiera uno»*
> *(Salmo 14:3)*

Tal vez has sentido lo difícil que es sostener relaciones sanas, profundas y duraderas. La raíz de ese problema está en el corazón. Y solo Dios puede sanarlo.

b) Dios no solo quiere que te unas a una comunidad... quiere darte un nuevo corazón

Jesucristo no vino al mundo simplemente a enseñarnos a llevarnos bien. Él vino a reconciliarnos con Dios. Porque cuando estás reconciliado con Dios, puedes vivir reconciliado con los demás.

> *«Y el efecto de la justicia será paz; y la labor de la justicia, reposo y seguridad para siempre»*
> *(Isaías 32:17)*

Cuando crees en Cristo como tu Señor y Salvador, Él te da:

- un nuevo corazón (Ezequiel 36:26),
- una nueva identidad (2 Corintios 5:17),
- una nueva familia (Efesios 2:19),
- y una nueva misión (Mateo 28:19–20).

c) Dios te invita hoy a formar parte de su pueblo

Tal vez te has sentido solo, desplazado o sin propósito. Dios no solo quiere salvarte del pecado... quiere injertarte en una comunidad eterna, donde cada uno tiene un lugar, un propósito y un valor.

> *«Dios hace habitar en familia a los desamparados...»*
> *(Salmo 68:6a)*

No necesitas ser perfecto. Solo necesitas venir con fe y humildad.

> *«Y al que a mí viene, no le echo fuera»*
> *(Juan 6:37b)*

d) Oración sugerida de entrega

> *«Dios mío, reconozco que he vivido por mi cuenta, buscando mis propios caminos. Hoy entiendo que necesito ser reconciliado contigo. Creo que Jesucristo murió por mis pecados y resucitó para darme nueva vida. Te entrego mi corazón. Hazme parte de tu pueblo, lléname de tu Espíritu y enséñame a vivir con otros para tu gloria. En el nombre de Jesús. Amén»*

e) ¿Qué sigue ahora?

1. Lee el Evangelio de Marcos. Verás a Jesús en acción, sirviendo, amando y hablando con autoridad.
2. Acércate a una iglesia centrada en Cristo. No vivas tu fe aislado.
3. Empieza a servir. No esperes a ser «experto». Dios usa a los que se disponen con sinceridad.
4. Recuerda que ahora formas parte de una familia que refleja al Creador.

> *«Mas vosotros sois linaje escogido... pueblo adquirido por Dios, para que anunciéis las virtudes de aquel que os llamó de las tinieblas a su luz admirable»*
> *(1 Pedro 2:9)*

6. Conclusión: Un solo cuerpo, una sola misión, para la gloria de un solo Señor

La sinergia según el mundo busca eficiencia, productividad, innovación. La sinergia según la Escritura busca fidelidad, edificación y gloria para Cristo.

En la iglesia de Cristo, no trabajamos juntos solo para lograr más... trabajamos juntos porque somos uno. No colaboramos solo porque es práctico... lo hacemos porque fuimos comprados por la misma sangre.

> «La gloria que me diste, yo les he dado, para que sean uno, así como nosotros somos uno»
> (Juan 17:22)

a) Un solo cuerpo: cada miembro, cada don, cada historia... en Cristo

Somos diferentes en edad, cultura, dones, personalidades... Pero si hemos sido regenerados por el Espíritu, pertenecemos al mismo cuerpo.

> «Porque somos miembros los unos de los otros»
> (Efesios 4:25b)

No se trata de pensar igual en todo, sino de permanecer unidos en lo esencial y edificarnos en lo demás.

b) Una sola misión: edificar la Iglesia y extender el Reino

La iglesia no existe para entretener, controlar ni preservar tradiciones humanas. Existe para formar discípulos de todas las naciones, reflejar el carácter de Cristo y dar gloria a Dios en todo.

> *«Así que, los que recibieron su palabra fueron bautizados... y perseveraban... en la comunión unos con otros, en el partimiento del pan y en las oraciones»*
>
> *(Hechos 2:41–42)*

Cada uno tiene un rol. Nadie está de más. Nadie debe ser pasivo.

> *«A cada uno de nosotros fue dada la gracia conforme a la medida del don de Cristo»*
>
> *(Efesios 4:7)*

c) Un solo Señor: el centro, la cabeza, el Rey

Toda unidad cristiana que no tenga a Cristo como centro... es frágil. Él es la cabeza. Él define los dones, los tiempos, los caminos. Y solo cuando vivimos sujetos a Él, podemos vivir en sinergia verdadera.

> *«Uno es vuestro Maestro, el Cristo, y todos vosotros sois hermanos»*
>
> *(Mateo 23:8)*

> *«Y él es la cabeza del cuerpo que es la iglesia...»*
>
> *(Colosenses 1:18a)*

d) Oración final

> *«Señor Jesús, tú no solo me salvaste del pecado, sino que me hiciste parte de tu cuerpo. Gracias por darme una familia espiritual. Ayúdame a valorar la unidad, a servir con humildad y a vivir para la edificación de los demás. Que cada colaboración mía sea una ofrenda de amor, y que todo sea para la gloria de tu nombre. Amén»*

Capítulo 7

Afilar la vida – Renovación diaria en Cristo para una fidelidad duradera

«Por tanto, no desmayamos; antes aunque este nuestro hombre exterior se va desgastando, el interior no obstante se renueva de día en día»
(2 Corintios 4:16)

«El que permanece en mí, y yo en él, éste lleva mucho fruto; porque separados de mí nada podéis hacer»
(Juan 15:5b)

Introducción: Más que equilibrio, dependencia diaria del Dios que renueva

El séptimo hábito de Covey, «Afilar la sierra», se basa en una metáfora sencilla pero poderosa: un leñador no puede ser efectivo si no se detiene a afilar su herramienta. Aplicado a la vida personal, Covey enseña que debemos invertir tiempo en renovarnos física, emocional, mental y espiritualmente, para poder ser efectivos a largo plazo. Esto implica descanso, aprendizaje, ejercicio, reflexión... y hábitos que restauren energía y enfoque.

Como concepto general es valioso. Pero si no se enmarca dentro de una cosmovisión bíblica, corre el riesgo de volverse centrado en el yo. Es un llamado a «cuidarte a ti mismo», que fácilmente cae en el individualismo, la autoayuda o el escapismo.

La Biblia sí habla de renovación. Pero no como una técnica de productividad. Habla de renovación como fruto de permanecer en Cristo. No para hacer más cosas... sino para vivir para Aquel que nos salvó. Renovarse no es reconectar contigo mismo... es rendirse otra vez a Dios.

Aquí veremos que la verdadera renovación cristiana:

- No nace de la fuerza de voluntad
- No depende del equilibrio emocional
- Y no se limita a cuidar el cuerpo o tener pasatiempos

Sino que fluye de una relación continua con Cristo, por medio de su Palabra, el Espíritu, la oración, el reposo bíblico y la comunión con el pueblo de Dios.

> *«Vuélvenos a ti, oh Jehová, a ti, y nos volveremos; Renueva nuestros días como al principio»*
> *(Lamentaciones 5:21)*

Este capítulo nos recordará que el creyente no es una máquina que necesita mantenimiento... es una vid que necesita permanecer en la fuente.

Afilar la vida no es una disciplina centrada en uno mismo, sino una dependencia radical del Dios que nos sustenta, nos forma y nos transforma.

1. El llamado bíblico a renovarse diariamente en Cristo

La vida cristiana no es una carrera de velocidad, sino una de resistencia. No basta con haber tenido un buen inicio en la fe, ni con haber servido con fervor en el pasado. El llamado bíblico es a permanecer, crecer y renovarse día tras día en Cristo.

> *«Buscad a Jehová y su poder; Buscad su rostro continuamente»*
> *(1 Crónicas 16:11)*

La renovación espiritual no es opcional. Es esencial. Porque el desgaste espiritual, emocional y físico es real. Pero Dios ha provisto fuentes frescas de gracia para fortalecernos si permanecemos cerca de Él.

a) El creyente se desgasta, pero Dios renueva

En un mundo caído, donde enfrentamos tentaciones, cargas, decepciones y pecado remanente, es natural sentirse agotado. Pero lo que no es natural, lo que solo viene del Espíritu, es renovar nuestras fuerzas en el Señor.

> *«Pero los que esperan a Jehová tendrán nuevas fuerzas; levantarán alas como las águilas...»*
> *(Isaías 40:31)*

La Palabra no es solo alimento... es restauración. La oración no es solo expresión... es renovación. La presencia de Dios no es solo refugio... es recarga sobrenatural.

b) La renovación es diaria, no ocasional

Muchos cristianos viven de experiencias pasadas: un retiro, una predicación, un momento de fervor. Pero la Biblia nos llama a buscar a Dios cada día, no solo en emergencias.

> *«Bienaventurado el hombre que me escucha, Velando a mis puertas cada día, Aguardando a los postes de mis puertas»*
> *(Proverbios 8:34)*

El maná del desierto no se podía guardar de un día para otro (Éxodo 16). Dios quiere que lo busquemos hoy, porque Él se deleita en darnos lo que necesitamos para hoy.

c) La verdadera renovación transforma, no solo recupera

El mundo ofrece «renovación» como descanso físico o equilibrio emocional. Pero Dios no solo quiere que te sientas mejor... Él quiere transformarte mientras te renueva.

> *«Y renovaos en el espíritu de vuestra mente, y vestíos del nuevo hombre,*

> *creado según Dios en la justicia y santidad de la verdad»*
> *(Efesios 4:23–24)*

Cada vez que volvemos a la Palabra, alabanza, oración, comunión... Dios está renovando nuestro carácter, nuestra mente y nuestra visión.

d) La renovación bíblica requiere intencionalidad

No ocurre por accidente. Ocurre por hábito, dependencia y humildad. No es un «reinicio emocional», sino un regreso constante a la fuente.

> *«Dad gracias en todo, porque esta es la voluntad de Dios para con vosotros en Cristo Jesús. No apaguéis al Espíritu»*
> *(1 Tesalonicenses 5:18–19)*

Cada día puedes decidir:

- Volver a la Palabra o seguir en piloto automático
- Orar con honestidad o confiar en tus fuerzas
- Escuchar al Espíritu o ahogarlo con distracciones

e) Aplicación: ¿Estoy siendo renovado o solo estoy sobreviviendo?

Hazte estas preguntas sinceras:

- ¿Estoy cultivando una vida de comunión con Dios cada día?
- ¿Estoy recibiendo fuerza del Espíritu o funcionando por costumbre?
- ¿Dedico tiempo para lo eterno o solo para lo urgente?
- ¿Cuándo fue la última vez que sentí que Dios renovó mi alma?

> *«Por la misericordia de Jehová no hemos sido consumidos... nuevas son cada mañana; grande es tu fidelidad»*
> *(Lamentaciones 3:22–23)*

f) Oración de renovación diaria

«Señor, tú conoces mi fragilidad. Me desgasto, me desanimo, me distraigo. Pero tú no cambias. Hoy te rindo mi día, mi mente, mis fuerzas. Renuévame con tu Palabra, despiértame con tu Espíritu y lléname de tu gracia. Que no viva en automático, sino en comunión contigo. Amén»

2. LAS DISCIPLINAS ESPIRITUALES COMO MEDIOS DE RENOVACIÓN

Renovarse en Cristo no ocurre por sentimientos espontáneos ni por experiencias místicas desconectadas de la verdad. Dios ha establecido medios ordinarios pero poderosos por los cuales su gracia nos alcanza, sostiene y transforma. Estos medios se conocen como disciplinas espirituales: prácticas piadosas que nos conectan con el corazón de Dios y nos forman según su voluntad.

«Ejercítate para la piedad; porque el ejercicio corporal para poco es provechoso, pero la piedad para todo aprovecha…»
(1 Timoteo 4:7b–8)

Las disciplinas no son fines en sí mismas, sino puentes que nos llevan a Cristo. No son una carga legalista, sino una invitación a la comunión que renueva el alma.

a) La lectura y meditación de la Palabra

«Nunca se apartará de tu boca este libro de la ley, sino que de día y de noche meditarás en él…»
(Josué 1:8)

Nada nos renueva como la Palabra viva de Dios. Es lámpara, espada, alimento, fuego y martillo. No solo informa: transforma. No solo consuela: confronta.

> «*La exposición de tus palabras alumbra; Hace entender a los simples*»
> (Salmo 119:130)

La meditación bíblica nos permite rumiar la verdad, aplicarla al corazón y vivirla con sabiduría.

b) La oración sincera y constante

> «*Tarde y mañana y a mediodía oraré y clamaré, Y él oirá mi voz*»
> (Salmo 55:17)

La oración no es solo petición. Es comunión con el Padre, descarga de carga, alineación de deseos. A través de ella el alma se refresca y el espíritu se fortalece. Dios no necesita nuestras palabras. Nosotros necesitamos su presencia.

> «*Clama a mí, y yo te responderé, y te enseñaré cosas grandes y ocultas que tú no conoces*»
> (Jeremías 33:3)

c) El ayuno: disciplina de enfoque y dependencia

> «*¿No es más bien el ayuno que yo escogí, desatar las ligaduras de impiedad… y romper todo yugo?*»
> (Isaías 58:6)

El ayuno bíblico no es manipulación, sino rendición. Es una forma de decirle a Dios: «Más que el pan, te deseo a ti». Es un arma poderosa para buscar claridad, dirección, arrepentimiento profundo y renovación espiritual.

En un mundo saturado de ruido, el ayuno crea espacio para escuchar la voz de Dios con mayor sensibilidad.

d) El descanso sabático y el silencio delante de Dios

«En descanso y en reposo seréis salvos; en quietud y en confianza será vuestra fortaleza»
(Isaías 30:15)

Dios no nos creó para producir sin parar. Nos creó para depender de Él. El reposo sabático nos recuerda que no somos esclavos del rendimiento, sino hijos amados que confían en la provisión del Padre. El silencio también es una forma de adoración:

«Estad quietos, y conoced que yo soy Dios...»
(Salmo 46:10)

e) La comunión con otros creyentes

«Hierro con hierro se aguza; y así el hombre aguza el rostro de su amigo»
(Proverbios 27:17)

Dios también nos renueva a través del cuerpo de Cristo. En la iglesia recibimos ánimo, exhortación, consuelo, rendición de cuentas y el gozo de servir juntos. La renovación no es solo personal. Es comunitaria.

«Y considerémonos unos a otros para estimularnos al amor y a las buenas obras...»
(Hebreos 10:24)

f) Aplicación: ¿Estoy usando estos medios como Dios los diseñó?

- ¿Leo la Palabra con hambre espiritual o por rutina?
- ¿Oro por comunión o solo por necesidad?
- ¿Tengo tiempos reales de descanso y silencio ante Dios?
- ¿Formo parte activa de una comunidad que me edifica?

No se trata de hacer más cosas. Se trata de buscar más de Cristo a través de los medios que Él ya nos ha dado.

g) Oración de consagración a los medios de gracia

> «Padre, gracias por proveerme formas claras para acercarme a ti. Enséñame a deleitarme en tu Palabra, a buscarte en oración, a reposar en tu gracia, a caminar con tu pueblo y a depender de tu Espíritu. Que yo no confíe en las disciplinas en sí, sino en el Dios que las llena de vida. Amén»

3. EL DESCANSO BÍBLICO FRENTE AL AGOTAMIENTO DEL ALMA

Vivimos en una cultura que glorifica la productividad y menosprecia el descanso. La presión constante por «hacer más» ha llevado a muchos creyentes a vivir en modo agotamiento crónico, confundiendo fidelidad con activismo. Pero el corazón humano, sin el descanso bíblico, pierde sensibilidad espiritual, se vuelve irritable, inseguro y autosuficiente. Por eso Dios, en su sabiduría, estableció el descanso como parte de la adoración.

> «Seis días trabajarás, y harás toda tu obra; mas el séptimo día es reposo para Jehová tu Dios...»
> (Éxodo 20:9–10a)

a) El descanso bíblico no es ocio, es adoración

Dios no descansó al final de la creación porque estuviera cansado, sino para establecer un patrón sagrado.

>*«Y bendijo Dios al día séptimo, y lo santificó…»*
>*(Génesis 2:3)*

El descanso bíblico es un acto de confianza. Es declarar con nuestros ritmos de vida: «Dios es el que sostiene todo, no yo».

b) Jesús ofreció descanso, no solo salvación

Cristo no solo prometió perdón de pecados, sino también descanso para el alma.

>*«Venid a mí todos los que estáis trabajados y cargados, y yo os haré descansar»*
>*(Mateo 11:28)*

Este descanso no es inactividad, sino reposo interior. Una calma profunda que nace de saber que ya no estamos bajo condenación, que no necesitamos probar nuestro valor y que somos amados sin condiciones.

c) El alma agobiada necesita parar y mirar hacia arriba

>*«¿Por qué te abates, oh alma mía, y te turbas dentro de mí? Espera en Dios…»*
>*(Salmo 42:11)*

Muchos creyentes siguen sirviendo cuando en realidad su alma está agotada, confundida o fría. El descanso bíblico es una pausa deliberada para volver al corazón de Dios. Es rendir el ritmo, reconocer la fatiga y dejar que el Señor ministre al corazón.

d) El descanso también es protección

Cuando no descansamos, somos más vulnerables al desánimo, al pecado y a la autosuficiencia.

> «*En paz me acostaré, y asimismo dormiré; porque solo tú, Jehová, me haces vivir confiado*»
> (Salmo 4:8)

El descanso renueva nuestra perspectiva, restaura la esperanza y nos recuerda que no somos indispensables... pero Dios es suficiente.

e) Ejemplo bíblico: Elías bajo el enebro

En 1 Reyes 19, Elías está exhausto después de una gran victoria espiritual. Se aísla, desea morir y se desploma bajo un árbol. Pero Dios no le da un sermón... Le da descanso, alimento y una palabra suave.

> «*Levántate y come, porque largo camino te resta*»
> (1 Reyes 19:7)

A veces lo más espiritual que puedes hacer es descansar bajo el cuidado del Padre.

f) Aplicación: ¿Estoy sabiendo descansar en Dios o simplemente me estoy deteniendo físicamente?

Hazte preguntas honestas:

- ¿Mi tiempo libre me acerca más a Dios o me aleja de Él?
- ¿Confío en que Dios sigue obrando incluso cuando yo descanso?

- ¿He permitido que el servicio se vuelva más importante que la comunión?
- ¿Estoy dispuesto a soltar la agenda para renovar mi alma?

«En lugares de delicados pastos me hará descansar; Junto a aguas de reposo me pastoreará»
(Salmo 23:2)

g) Oración de reposo en la presencia del Señor

«Señor, reconozco que muchas veces he corrido sin dirección, he trabajado sin comunión y he servido sin descanso. Perdóname. Hoy quiero reposar en ti. Quiero recuperar la paz que viene de tu presencia. Enséñame a detenerme, a confiar y a ser restaurado por tu Espíritu. En tu fidelidad descanso. Amén»

4. APLICACIÓN PARA CREYENTES

Dios no nos llama a ser cristianos que «funcionan», sino creyentes que florecen en fidelidad, sostenidos por la gracia y renovados por su Espíritu.

Sin renovación espiritual, lo que comenzó con gozo puede terminar en rutina... Y lo que parecía celo, puede convertirse en simple activismo vacío. El llamado es claro: vivir con ritmo espiritual sano, constante y dependiente de Cristo.

a) La renovación espiritual no es un lujo, es una necesidad

Muchos creyentes posponen su renovación hasta que colapsan. Siguen sirviendo, predicando, aconsejando, criando, trabajando... pero con el tanque espiritual vacío. La fatiga no confesada es el terreno perfecto para la tentación, la frialdad y la queja.

«El alma generosa será prosperada; y el que saciare, él también será

saciado»
(Proverbios 11:25)

Renovarse es obediencia. No es autoindulgencia ni descanso superficial, sino dependencia activa de la fuente: Cristo.

b) Practica ritmos espirituales que nutran tu alma

La gracia de Dios no depende de tu constancia, pero tu renovación sí depende de tu comunión.

«De madrugada te buscaré; Mi alma tiene sed de ti…»
(Salmo 63:1)

Algunas ideas prácticas:

- Aparta tiempo intencional diario para leer, meditar y orar (aunque sea breve pero profundo).
- Incluye espacios de silencio y reflexión. Apaga el ruido. Escucha a Dios.
- Haz del domingo un verdadero día de reposo en el Señor. No solo para «asistir al culto», sino para detenerte y celebrar su obra.
- Practica descansos intencionales en tus semanas de alta demanda.
- Lleva un diario espiritual. Escribir lo que Dios te habla puede ayudarte a retenerlo y procesarlo.

«Retén el consejo, no lo dejes; guárdalo, porque eso es tu vida»
(Proverbios 4:13)

c) No confundas productividad con madurez

Es posible hacer muchas cosas en la iglesia, en la familia o en el trabajo… y estar espiritualmente estéril.

> «No con ejército, ni con fuerza, sino con mi Espíritu, ha dicho Jehová de los ejércitos»
> *(Zacarías 4:6)*

Dios no te llama a hacer más, sino a estar con Él. La productividad que no brota de la presencia de Dios puede volverse idolatría disfrazada de servicio.

d) Ejemplo práctico: Julia, una mujer fiel pero agotada

Julia sirve como voluntaria en varios ministerios, además de cuidar a sus padres y liderar un grupo pequeño. No ha tenido un día de descanso en meses. Llora en silencio. No quiere decepcionar a nadie. Pero al leer Mateo 11:28 se da cuenta de que Cristo no le exige más trabajo... le ofrece descanso. Comienza a reducir su carga, prioriza la comunión y redescubre la alegría de servir no desde la presión, sino desde la paz.

e) Preguntas para autoevaluación espiritual

- ¿Estoy cultivando una vida devocional constante o solo reacciono cuando me siento mal?
- ¿Estoy escuchando a mi cuerpo y alma cuando muestran señales de agotamiento?
- ¿Tengo hermanos en la fe que me ayudan a mantenerme renovado?
- ¿Estoy sirviendo por amor o por obligación?
- ¿Busco la aprobación de Dios... o la admiración de los demás?

> «Examíname, oh Dios, y conoce mi corazón; Pruébame y conoce mis pensamientos»
> *(Salmo 139:23)*

f) Oración: Señor, renueva mi alma para vivir en fidelidad

«Padre amado, reconozco que muchas veces he intentado vivir para ti sin estar contigo. Perdóname por mi autosuficiencia, por mi descuido espiritual y por mi confusión entre actividad y comunión. Hoy te pido que restaures mi alma. Enséñame a caminar contigo con ritmo eterno y no con prisa terrenal. Renueva mis fuerzas y ayúdame a perseverar con gozo. Amén»

5. Aplicación para no creyentes

Tal vez has llegado a este capítulo buscando formas de sentirte mejor contigo mismo. Estás cansado. Agotado por la rutina, por los fracasos, por las exigencias del trabajo, de la familia... Y quizás hasta por las religiones o filosofías que prometen paz, pero no logran transformar el corazón. La buena noticia es que no estás solo. Y lo más importante: no tienes que seguir así. El descanso que tu alma necesita no es una técnica. No es una rutina. No es un retiro. Es una persona: Jesucristo.

a) La raíz del agotamiento espiritual es la separación de Dios

La Biblia enseña que todos los seres humanos, por naturaleza, estamos separados de Dios por causa del pecado. Esta separación produce no solo culpa, sino inquietud permanente, vacío existencial y cansancio del alma.

«No hay paz para los malos, dijo Jehová»
(Isaías 48:22)

El pecado no solo nos aleja de Dios... nos aleja también de nosotros mismos, de los demás y de nuestro propósito original.

«Mis iniquidades se han agravado sobre mi cabeza; como carga pesada

se han agravado sobre mí»
(Salmo 38:4)

b) Jesús ofrece descanso verdadero y reconciliación eterna

Jesucristo no vino para ofrecer un plan de bienestar emocional. Él vino a morir en la cruz en lugar de pecadores como tú y como yo, para que fuéramos reconciliados con Dios y restaurados desde adentro.

«Justificados, pues, por la fe, tenemos paz para con Dios por medio de nuestro Señor Jesucristo»
(Romanos 5:1)

El primer paso para experimentar verdadera renovación es dejar de confiar en ti mismo y descansar en Cristo.

«Jehová dará poder a su pueblo; Jehová bendecirá a su pueblo con paz»
(Salmo 29:11)

c) Dios no quiere que sobrevivas... quiere darte vida en abundancia

No estás invitado a reformar tu vida, sino a entregarla por completo. Cuando vienes a Cristo en arrepentimiento y fe, Él no solo perdona tus pecados, sino que te da un nuevo corazón y un nuevo Espíritu.

«Y les daré un corazón, y un espíritu nuevo pondré dentro de ellos...»
(Ezequiel 11:19)

d) ¿Estás cansado? Jesús te está llamando

La invitación sigue en pie:

> «*Inclinad vuestro oído, y venid a mí; oíd, y vivirá vuestra alma…*»
> (*Isaías 55:3*)

No se trata de cambiar primero, sino de creer. No se trata de arreglarte… sino de rendirte a Aquel que puede salvarte y renovarte.

e) Oración de fe y descanso en Cristo

> «*Señor Jesús, reconozco que estoy cansado, vacío y separado de ti. He intentado muchas cosas, pero ninguna ha llenado mi alma. Hoy creo que tú moriste por mí y que resucitaste para darme vida nueva. Te entrego mi corazón, mi pasado, mi carga. Límpiame, sálvame, renuévame. Quiero descansar en ti. Amén*»

f) ¿Qué sigue después de venir a Cristo?

1. Lee el Evangelio de Juan. Descubre quién es Jesús y por qué puedes confiar en Él.
2. Únete a una iglesia que predique la Biblia. No camines solo.
3. Ora cada día, aunque no sepas cómo. Dios escucha a los que se acercan con sinceridad.
4. Busca a alguien maduro en la fe que te acompañe en este nuevo camino.

> «*Y el Dios de paz… os haga aptos en toda obra buena para que hagáis su voluntad*»
> (*Hebreos 13:20–21*)

6. Conclusión: Perseverar renovado – Vivir en Cristo, no solo para Cristo

Muchos creyentes comienzan con pasión, pero con el tiempo esa llama se apaga. Otros siguen activos en el ministerio, en la familia, en la iglesia... pero por dentro se sienten secos, desanimados, sin dirección. La buena noticia es que Dios no solo quiere que empieces bien, sino que termines bien. Y para eso, te ofrece algo más que tareas o doctrinas: te ofrece su presencia constante para renovarte.

> «*El justo florecerá como la palmera... aún en la vejez fructificarán; Estarán vigorosos y verdes*»
> *(Salmo 92:12,14)*

a) Vivir en Cristo es la clave para no quemarse espiritualmente

El llamado cristiano no es simplemente a «hacer cosas para Dios», sino a permanecer en Él. Como las ramas dependen de la vid para dar fruto, nosotros dependemos de la comunión con Cristo para tener vida verdadera.

> «*En él estaba la vida, y la vida era la luz de los hombres*»
> *(Juan 1:4)*

> «*En quien tenemos redención por su sangre... según las riquezas de su gracia*»
> *(Efesios 1:7)*

Cuando tu alma se seca, no necesitas más actividad... necesitas volver a la fuente.

b) No podemos correr la carrera sin detenernos a renovar fuerzas

El apóstol Pablo usó la imagen del atleta que corre con propósito. Pero también sabía que el que corre sin renovarse, se desploma.

> «*No que lo haya alcanzado ya... sino que prosigo, por ver si logro asir*

> *aquello para lo cual fui también asido por Cristo Jesús»*
> *(Filipenses 3:12)*

Renovarse es parte de avanzar. El que no se detiene a beber del manantial de la gracia, tarde o temprano se desgasta.

c) Dios quiere renovarte más de lo que tú deseas ser renovado

Nuestro Dios no es un amo exigente... es **un Padre compasivo**. Él se deleita en fortalecerte, en consolarte, en restaurarte.

> *«Él da esfuerzo al cansado, y multiplica las fuerzas al que no tiene ningunas»*
> *(Isaías 40:29)*

> *«Sacia de bien tu boca de modo que te rejuvenezcas como el águila»*
> *(Salmo 103:5)*

d) Persevera, no en tus fuerzas... sino en su poder

La vida cristiana no es para los fuertes, sino para los dependientes. No para los que pueden con todo, sino para los que confían en Aquel que ya lo hizo todo.

> *«Porque no nos ha dado Dios espíritu de cobardía, sino de poder, de amor y de dominio propio»*
> *(2 Timoteo 1:7)*

e) Oración final del capítulo

> *«Señor, gracias porque no me llamaste a vivir para ti con mis propias fuerzas, sino a vivir en ti con tu poder. Ayúdame a detenerme, a*

buscarte, a renovar mi mente en tu Palabra y a descansar en tu gracia. Que cada día pueda empezar contigo, caminar contigo y terminar fortalecido en ti. Amén»

Capítulo 8

Transformación real – Vivir desde adentro hacia afuera por el poder del Evangelio

> «Sobre toda cosa guardada, guarda tu corazón; porque de él mana la vida»
> (Proverbios 4:23)

> «Crea en mí, oh Dios, un corazón limpio, y renueva un espíritu recto dentro de mí»
> (Salmo 51:10)

Introducción: No se trata de impresionar afuera, sino de ser transformado por dentro

Stephen Covey hablaba de la importancia de vivir «de dentro hacia afuera», una frase que describe el principio de que nuestras acciones externas deben estar basadas en convicciones internas sólidas, no en presiones externas o apariencias. En otras palabras, para liderar o vivir con autenticidad, uno debe ser una persona íntegra, cuyos valores internos gobiernan su comportamiento externo.

Aunque ese principio parece sabio, la Biblia va mucho más allá. No basta con tener valores internos consistentes. Lo que realmente necesitamos es un corazón nuevo. Porque el problema no es solo que a veces no actuamos según lo que creemos... es que nuestro corazón, sin Cristo, está torcido desde el inicio.

> «El hombre bueno, del buen tesoro de su corazón saca lo bueno...
> porque de la abundancia del corazón habla la boca»
> (Lucas 6:45)

La transformación cristiana no es autoayuda, es regeneración

Dios no quiere que solo «seas tú mismo». Él quiere que seas hecho nuevo en Cristo, para que vivas desde un corazón transformado, guiado por la verdad y lleno del Espíritu.

Este capítulo nos enseñará que:

- La verdadera integridad no nace del esfuerzo, sino de la conversión.
- El cristiano no solo actúa con coherencia... vive con un corazón renovado.
- Lo que somos en secreto es más importante que lo que parecemos en público.
- La obediencia externa sin transformación interna es religión muerta.
- Vivir «de dentro hacia afuera» solo es posible cuando Cristo habita en nosotros.

> «De modo que si alguno está en Cristo, nueva criatura es; las cosas
> viejas pasaron; he aquí todas son hechas nuevas»
> (2 Corintios 5:17)

En las páginas siguientes cerraremos el libro volviendo al centro de todo: no se trata de hábitos útiles, sino de un corazón rendido:

- No se trata de ser más efectivos, sino más semejantes a Cristo.
- No se trata de vivir para agradar al mundo, sino para glorificar a Dios.

1. El problema no está afuera, sino en el corazón

Una de las mentiras más sutiles de nuestra cultura es que los problemas del ser humano vienen de su entorno: la educación, la pobreza, el sistema, la familia, el estrés. Aunque estos factores influyen, la Biblia enseña con total claridad que el verdadero problema está en el corazón humano.

> «Engañoso es el corazón más que todas las cosas, y perverso; ¿quién lo conocerá?»
>
> (Jeremías 17:9)

No nacemos neutrales. No somos «buenos por naturaleza». Nacemos separados de Dios, inclinados al pecado, esclavizados por deseos egoístas. Por eso, ningún hábito, técnica o curso de liderazgo puede solucionar el problema de raíz. Lo que necesitamos no es modificación de conducta... es regeneración.

a) El corazón humano es la fuente de todo lo que hacemos

> «Porque de dentro, del corazón de los hombres, salen los malos pensamientos, los adulterios, las fornicaciones... las maldades...»
>
> (Marcos 7:21-22)

Jesús no dejó lugar a dudas: lo que contamina al ser humano no es lo de afuera, sino lo que ya está dentro.

De nada sirve aparentar rectitud si el corazón está gobernado por el orgullo, la mentira, la envidia o la hipocresía.

> «Como en el agua el rostro corresponde al rostro, así el corazón del hombre al del hombre»
>
> (Proverbios 27:19)

b) La religiosidad externa no transforma el corazón

Uno de los pecados más peligrosos es vivir una vida moralmente aceptable, con lenguaje piadoso y buenas intenciones... pero con un corazón no regenerado.

> «Este pueblo... con sus labios me honra; pero su corazón está lejos de

> *mí...»*
> *(Isaías 29:13)*

Dios no se impresiona con rituales ni con comportamiento externo. Él ve el corazón, y es ahí donde quiere obrar.

> *«Jehová no mira lo que mira el hombre; pues el hombre mira lo que está delante de sus ojos, pero Jehová mira el corazón»*
> *(1 Samuel 16:7)*

c) La lucha por vivir con integridad comienza con reconocer la raíz del mal

Muchos fracasan en su caminar cristiano porque intentan cambiar su conducta sin tratar con el corazón. El enojo no es solo un temperamento, es orgullo y falta de dominio propio. La lujuria no es solo tentación, es idolatría del placer. La mentira no es estrategia, es miedo al hombre y falta de temor de Dios.

> *«Haced, pues, frutos dignos de arrepentimiento...»*
> *(Mateo 3:8)*

El verdadero cambio comienza con arrepentirse de lo que somos, no solo de lo que hacemos.

d) Ejemplo bíblico: el joven rico

En Marcos 10, un joven se acerca a Jesús diciendo que ha guardado todos los mandamientos desde su juventud. Aparentemente era íntegro, pero su corazón estaba atado a sus riquezas. Cuando Jesús le pidió que las dejara, se fue triste. ¿Por qué? Porque lo externo no coincidía con lo interno.

> *«Una cosa te falta...»*
> *(Marcos 10:21)*

e) **Aplicación: ¿Estoy luchando contra los síntomas... o tratando la raíz?**

Pregúntate:

- ¿Estoy pidiéndole a Dios que transforme mi corazón, no solo mi conducta?
- ¿Justifico mis pecados con pretextos externos?
- ¿Me preocupa más lo que otros ven... o lo que Dios conoce?
- ¿Estoy cultivando una vida de comunión con Dios o solo intentando comportarme bien?

«Escudríñame, oh Jehová, y pruébame; ...mis íntimos pensamientos y mi corazón»
(Salmo 26:2)

f) **Oración: Señor, trata con mi corazón, no solo con mis actos**

«Padre, reconozco que muchas veces he intentado mejorar por fuera sin rendirte mi interior. Te pido que me muestres lo que hay en mi corazón. Sáname, purifícame, transfórmame desde adentro. Dame un corazón que te ame, que te tema y que viva para ti. Amén»

2. LA VERDADERA INTEGRIDAD NACE DE UN NUEVO NACIMIENTO

En muchos contextos, la palabra integridad se asocia con honestidad, coherencia, o vivir de acuerdo a ciertos principios morales. Pero desde una perspectiva bíblica, la integridad no se puede lograr sin una obra sobrenatural del Espíritu Santo.

«¿Mudará el etíope su piel, y el leopardo sus manchas? Así también, ¿podréis vosotros hacer bien, estando habituados a hacer mal?»

(Jeremías 13:23)

El ser humano caído no puede generar integridad verdadera desde su estado natural. Puede fingir, controlar su comportamiento o vivir bajo normas... pero su corazón sigue siendo esclavo del pecado. Por eso, la integridad que honra a Dios no comienza con disciplina, sino con conversión.

a) El nuevo nacimiento transforma el corazón, no solo la conducta

«De cierto, de cierto te digo, que el que no naciere de nuevo, no puede ver el reino de Dios»
(Juan 3:3)

Jesús no enseñó que necesitábamos mejorar, sino nacer de nuevo. Este nuevo nacimiento es una obra soberana del Espíritu, que cambia radicalmente la naturaleza humana y capacita al creyente para vivir en santidad.

«Os daré corazón nuevo, y pondré espíritu nuevo dentro de vosotros...»
(Ezequiel 36:26)

La integridad bíblica no es perfección moral, sino una vida coherente con el nuevo corazón que Dios ha dado.

b) El Espíritu Santo produce integridad como fruto de una nueva vida

«El fruto del Espíritu es amor, gozo, paz, paciencia, benignidad, bondad, fe, mansedumbre, templanza...»
(Gálatas 5:22–23)

La integridad verdadera no es una obra de la carne ni el resultado de buenas intenciones, sino el fruto de una vida controlada por el Espíritu.

El creyente que vive en comunión con Dios refleja integridad no porque trata de «quedar bien», sino porque ha sido hecho una nueva criatura.

c) El nuevo nacimiento genera un deseo sincero de agradar a Dios

Antes de conocer a Cristo, incluso nuestras mejores obras están contaminadas por orgullo, conveniencia o deseo de aprobación.

> *«Todas nuestras justicias [son] como trapo de inmundicia»*
> *(Isaías 64:6a)*

Pero el regenerado anhela obedecer no por obligación, sino por amor.

> *«Porque Dios es el que en vosotros produce así el querer como el hacer, por su buena voluntad»*
> *(Filipenses 2:13)*

La integridad se convierte en expresión natural de un corazón rendido al Señor.

d) Ejemplo bíblico: Zaqueo, de extorsionador a hombre íntegro

En Lucas 19, Zaqueo era un publicano codicioso. Pero tras encontrarse con Jesús, algo cambió radicalmente:

> *«He aquí, Señor, la mitad de mis bienes doy a los pobres; y si en algo he defraudado a alguno, se lo devuelvo cuadruplicado»*
> *(Lucas 19:8)*

Ese acto no fue fruto de una estrategia moral, sino del impacto del Evangelio. La integridad de Zaqueo nació del nuevo nacimiento.

e) Aplicación: ¿Estoy buscando integridad desde mis fuerzas o desde la nueva vida en Cristo?

Pregúntate:

- ¿He nacido de nuevo, o simplemente adopté una moral cristiana?
- ¿Mis buenas obras son fruto de la presencia de Cristo en mí... o intentos de ser aceptado por otros?
- ¿Busco obedecer a Dios por amor o por miedo?
- ¿Veo la integridad como un fruto de la gracia o como una exigencia imposible?

> «Y vestíos del nuevo hombre, creado según Dios en la justicia y santidad de la verdad»
> *(Efesios 4:24)*

f) Oración: Señor, dame un corazón nuevo que camine en integridad

> *«Padre, reconozco que no puedo vivir con integridad por mí mismo. Necesito un nuevo corazón, una nueva mente y una nueva vida en ti. Gracias por Jesucristo, que murió para darme ese nuevo nacimiento. Ayúdame a vivir como nueva criatura, reflejando tu verdad y tu gracia.*
> *Amén»*

3. VIVIR DESDE DENTRO HACIA AFUERA: LA COHERENCIA ENTRE EL CORAZÓN Y LA CONDUCTA

Una de las marcas más poderosas del creyente maduro es la coherencia. No perfección, no ausencia de lucha... sino una vida donde el corazón transformado produce una conducta congruente.

> «Bienaventurado el hombre que teme a Jehová, y en sus mandamientos se deleita en gran manera»
> *(Salmo 112:1)*

En el mundo muchos buscan aparentar integridad sin transformación interior. En el Reino de Dios la verdadera integridad se manifiesta cuando lo que somos en secreto coincide con lo que vivimos en público.

> «*Tú amas la verdad en lo íntimo, y en lo secreto me has hecho comprender sabiduría*»
> *(Salmo 51:6)*

a) La verdadera integridad no actúa para ser vista, sino porque ama a Dios

El cristiano íntegro no vive para agradar al público, sino para caminar en fidelidad aunque nadie lo vea.

> «*Y todo lo que hagáis, hacedlo de corazón, como para el Señor y no para los hombres*»
> *(Colosenses 3:23)*

Esa coherencia fluye de una conciencia purificada, de un corazón que ha sido convencido por el Espíritu de que Dios lo ve todo y merece toda obediencia.

b) La conducta exterior debe ser fruto del corazón, no un disfraz

Jesús confrontó fuertemente a los fariseos por tener una religión aparente, pero un corazón corrupto:

> «*¡Ay de vosotros, escribas y fariseos, hipócritas! porque sois semejantes a sepulcros blanqueados…*»
> *(Mateo 23:27)*

Dios no busca comportamientos religiosos. Busca una obediencia que fluya del amor y de la comunión con Él.

> «*Y en esto sabemos que nosotros le conocemos, si guardamos sus mandamientos*»
> *(1 Juan 2:3)*

c) Vivir desde dentro hacia afuera implica una transformación progresiva

El creyente no vive en integridad perfecta de inmediato. Es una obra continua del Espíritu que moldea nuestro carácter, purifica nuestras intenciones y alinea nuestra conducta con la verdad.

> «Mas la senda de los justos es como la luz de la aurora, que va en aumento hasta que el día es perfecto»
> (Proverbios 4:18)

Cada día que buscamos a Dios, Su Palabra trabaja en nosotros para que lo que somos y lo que hacemos sean uno.

d) Ejemplo bíblico: Daniel, íntegro en lo secreto y en lo público

Daniel vivía bajo presión en un sistema pagano. Sin embargo, era fiel a Dios tanto en lo privado (orando cada día) como en lo público (sirviendo con excelencia). Sus enemigos no pudieron hallar falta en él, excepto en su fidelidad a su Dios:

> «No hallaremos contra este Daniel ocasión alguna... si no la hallamos contra él en relación con la ley de su Dios»
> (Daniel 6:5)

Daniel vivía desde dentro hacia afuera. Su comunión secreta con Dios era la fuente de su testimonio visible.

e) Aplicación: ¿Refleja mi vida exterior lo que digo creer y amar en mi interior?

Pregúntate:

- ¿Soy la misma persona en público que en privado?
- ¿Mi integridad fluye de amor por Dios o de deseo de aceptación?

- ¿Mi vida cotidiana refleja lo que proclamo creer?
- ¿Permito que Dios me moldee, incluso en áreas donde nadie me ve?

> *«Sed hacedores de la palabra, y no tan solamente oidores, engañándoos a vosotros mismos»*
> *(Santiago 1:22)*

f) Oración: Señor, hazme coherente entre lo que creo y lo que vivo

> *«Señor, tú ves mi corazón y conoces mis caminos. No quiero vivir de apariencias. Anhelo caminar contigo con integridad, en lo secreto y en lo visible. Purifica mis intenciones, transforma mi carácter y hazme coherente en todo lo que soy. Que mi vida refleje tu verdad desde dentro hacia afuera. Amén»*

4. APLICACIÓN PARA CREYENTES

La integridad no es una meta reservada para «súper cristianos» o líderes espirituales. Es el llamado de Dios para todo hijo suyo, sin importar su trasfondo, su personalidad o sus luchas.

> *«Anda delante de mí y sé perfecto»*
> *(Génesis 17:1b)*

En un mundo de máscaras, atajos y doble moral, el testimonio de un creyente íntegro tiene un poder inmenso. No se trata de perfección sin pecado, sino de una vida congruente, arrepentida, obediente y confiada en la gracia.

a) La integridad comienza cuando tememos al Señor más que al hombre

Muchos pierden su integridad por temor a lo que otros dirán, por presión cultural o por conveniencia. Pero el creyente maduro vive con conciencia constante de que todo lo que hace ocurre delante del rostro de Dios.

> «Mejor es el poco con temor de Jehová, que el gran tesoro donde hay turbación»
> (Proverbios 15:16)

> «El temor de Jehová es manantial de vida...»
> (Proverbios 14:27)

b) Vivir con integridad es un acto diario de obediencia

No es una decisión que se toma una sola vez. Es una rendición diaria a la Palabra y al Espíritu.

> «Bienaventurados los perfectos de camino, los que andan en la ley de Jehová»
> (Salmo 119:1)

El creyente íntegro no negocia principios. No disfraza su fe para agradar. Pero tampoco se enorgullece de su obediencia. Sabe que todo lo bueno en él proviene de Dios.

c) La integridad se cultiva en lo oculto y se confirma en lo visible

No se forja en plataformas, sino en decisiones pequeñas, constantes y fieles.

- Cuando nadie ve, pero eliges la verdad.
- Cuando podrías justificarte, pero decides confesar.
- Cuando podrías callar, pero decides defender lo justo.

> «El que anda en integridad andará confiado; mas el que pervierte sus caminos será quebrantado»
> (Proverbios 10:9)

d) La integridad glorifica a Dios y protege el testimonio del Evangelio

Nada daña más la causa de Cristo que la hipocresía de los que profesan fe, pero viven en doble vida. Y nada honra más a Cristo que un creyente que es el mismo delante de Dios, de su familia, de su iglesia y del mundo.

> *«Haced todo sin murmuraciones y contiendas, para que seáis irreprensibles y sencillos, hijos de Dios sin mancha en medio de una generación maligna y perversa…»*
> *(Filipenses 2:14–15)*

e) Ejemplo práctico: Samuel, un hombre íntegro hasta el final

En 1 Samuel 12:3-5, el profeta Samuel, al final de su servicio, pudo testificar delante del pueblo que nunca abusó de su posición, ni tomó soborno, ni actuó con injusticia. Y el pueblo confirmó su testimonio.

> *«Yo he oído vuestra voz en todo cuanto me habéis dicho… Jehová es testigo contra vosotros, y su ungido también…»*
> *(1 Samuel 12:1–5)*

Una vida íntegra habla más fuerte que mil palabras.

f) Aplicación práctica: ¿Cómo cultivo integridad en mi vida diaria?

- Ora cada mañana: «Señor, ayúdame a honrarte hoy en cada decisión».
- Revisa tus intenciones antes de actuar. ¿Por qué hago lo que hago?
- Busca a alguien maduro en la fe que te dé seguimiento. La rendición de cuentas fortalece la integridad.
- Pide perdón cuando falles. La integridad no se destruye por caer, sino por no arrepentirse.
- Lee y medita en la Palabra. Solo la verdad de Dios puede alinear el corazón.

> *«Con qué limpiará el joven su camino? Con guardar tu palabra»*

(Salmo 119:9)

g) Oración: Señor, hazme íntegro en lo pequeño y en lo grande

«Dios santo y fiel, tú ves cada rincón de mi alma. Hazme íntegro delante de ti. No permitas que viva para las apariencias. Enséñame a caminar en verdad, a elegirte cuando nadie me ve y a honrarte con mi vida entera. Que mi conducta sea reflejo de tu obra en mi corazón. Amén»

5. APLICACIÓN PARA NO CREYENTES

Querido lector, si tú no has nacido de nuevo, tal vez todo lo que has leído sobre integridad y coherencia te parece admirable... pero inalcanzable.

Quizá has intentado ser «mejor persona»: controlar tu carácter, dejar ciertos vicios, hablar con más verdad. Y aunque hayas logrado cambios externos, sabes en tu interior que algo sigue igual. El problema no es que no te esfuerzas lo suficiente... el problema es que necesitas ser transformado por dentro.

«Porque el ocuparse de la carne es muerte, pero el ocuparse del Espíritu es vida y paz»
(Romanos 8:6)

a) Nadie puede vivir en integridad sin antes ser hecho nuevo

La Biblia no nos presenta una lista de reglas para intentar cumplirlas por cuenta propia. Nos presenta a un Dios santo que conoce nuestro corazón... y nos ofrece una nueva vida por medio de Jesucristo.

«Y vestíos del nuevo hombre, creado según Dios en la justicia y santidad de la verdad»

(Efesios 4:24)

No necesitas mejorarte. Necesitas nacer de nuevo.

> *«Lo que es nacido de la carne, carne es; y lo que es nacido del Espíritu, espíritu es»*
> *(Juan 3:6)*

b) Dios no está buscando personas perfectas, sino corazones arrepentidos

No tienes que venir a Dios fingiendo ser algo que no eres. Él ya conoce tus pensamientos, tus luchas, tus contradicciones y tus fracasos. Y aun así te ama y te llama a venir a Él.

> *«Cercano está Jehová a los quebrantados de corazón; y salva a los contritos de espíritu»*
> *(Salmo 34:18)*

> *«El que encubre sus pecados no prosperará; mas el que los confiesa y se aparta alcanzará misericordia»*
> *(Proverbios 28:13)*

c) Jesucristo vivió la vida íntegra que tú y yo nunca podríamos vivir

Él fue puro en palabra, pensamiento y obra. Fue obediente, verdadero, manso, sin mancha. Y sin embargo, murió en la cruz como si fuera culpable, para cargar con nuestros pecados y darnos su justicia.

> *«Al que no conoció pecado, por nosotros lo hizo pecado, para que nosotros fuésemos hechos justicia de Dios en él»*
> *(2 Corintios 5:21)*

d) Hoy puedes ser hecho nuevo por la gracia de Dios

No importa cuán lejos hayas ido, cuán manchada esté tu conciencia o cuán rota esté tu historia. Dios puede darte un corazón nuevo. No por lo que tú haces, sino por lo que Cristo ya hizo.

> «Y me serán por pueblo, y yo seré a ellos por Dios. Y les daré un corazón, y un camino, para que me teman perpetuamente…»
> (Jeremías 32:38–39)

e) Oración para recibir un nuevo corazón

> «Señor, reconozco que he vivido lejos de ti. Mi vida ha sido una mezcla de apariencias, contradicciones y pecado. Hoy entiendo que necesito ser hecho nuevo. Creo que Jesucristo murió por mí y que resucitó para darme vida eterna. Te pido que perdones mis pecados, que limpies mi corazón y que hagas de mí una nueva criatura. Te entrego mi vida. En el nombre de Jesús. Amén»

f) ¿Qué pasos puedo dar ahora si he recibido a Cristo?

1. Lee la Biblia todos los días, comenzando por el Evangelio de Juan.
2. Ora a Dios con sinceridad. Él te escucha como Padre.
3. Únete a una iglesia que ame y predique la Palabra.
4. Busca a un creyente maduro que te acompañe en tu crecimiento.
5. Permite que Dios transforme tu vida… desde adentro hacia afuera.

> «El que comenzó en vosotros la buena obra, la perfeccionará hasta el día de Jesucristo»
> (Filipenses 1:6)

6. Conclusión: Una vida íntegra – Testimonio vivo del poder del Evangelio

La vida cristiana no se resume en reglas externas ni en hábitos funcionales. Se trata de una transformación interna que produce frutos visibles. Cuando un creyente vive con integridad, no está demostrando su virtud... está testificando del poder del Evangelio que lo ha hecho nuevo.

«El justo anda en su integridad; sus hijos son dichosos después de él»
(Proverbios 20:7)

En un mundo lleno de apariencia, engaño y contradicción, una vida íntegra brilla como luz, apunta a Cristo y despierta preguntas eternas.

a) La integridad cristiana no es una estrategia, es una consecuencia

No vivimos con integridad para lograr bendiciones o aceptación. Vivimos con integridad porque hemos sido aceptados en el Amado y queremos glorificar a Aquel que nos salvó.

«Para que andéis como es digno del Señor, agradándole en todo, llevando fruto en toda buena obra...»
(Colosenses 1:10)

«Presentándote tú en todo como ejemplo de buenas obras; en la enseñanza mostrando integridad, seriedad»
(Tito 2:7)

b) El mundo necesita ver creyentes íntegros, no solo creyentes activos

En nuestras casas, trabajos, escuelas, iglesias, vecindarios... la integridad es una predicación silenciosa pero poderosa. Una vida fiel, aunque imperfecta, da credibilidad al mensaje que proclamamos.

«Para que en todo adornen la doctrina de Dios nuestro Salvador»

(Tito 2:10)

c) Permanecer en integridad es posible solo por la gracia continua de Dios

No confiamos en nuestra fuerza de voluntad. Confiamos en el Dios que empezó la obra y que prometió completarla.

> *«Guíame, Jehová, en tu justicia, a causa de mis enemigos; endereza delante de mí tu camino»*
> *(Salmo 5:8)*

> *«Pero tú, oh Jehová, me conoces; me viste, y probaste mi corazón para contigo…»*
> *(Jeremías 12:3a)*

Día tras día, seguimos creciendo. Y mientras caminamos con Él, nuestra vida misma se convierte en evidencia viva de que el Evangelio transforma.

d) Oración final del capítulo y del libro

> *«Padre, gracias porque no me dejaste en mis pecados. Gracias por Jesucristo, que vivió con integridad perfecta en mi lugar y murió para darme un nuevo corazón. Hoy te pido que me ayudes a vivir una vida que te honre, que sea coherente con tu verdad y que refleje el poder de tu gracia. Hazme íntegro por dentro y por fuera. Que otros te conozcan al ver tu obra en mí. Todo para la gloria de tu nombre. Amén»*

Epílogo

Más allá de los hábitos... una vida edificada sobre la Palabra

«Todo aquel que viene a mí, y oye mis palabras y las hace, os indicaré a quién es semejante. Semejante es al hombre que al edificar una casa, cavó y ahondó y puso el fundamento sobre la roca...»
(Lucas 6:47–48)

A lo largo de estas páginas hemos recorrido los principios que Stephen Covey formuló como hábitos de la gente altamente efectiva. Hemos valorado lo que hay de sabio en ellos, pero también hemos examinado cada uno a la luz de la Palabra de Dios.

El resultado no es simplemente una «versión cristiana» de un manual de productividad. Es una afirmación rotunda de que solo la verdad del Evangelio puede transformar realmente al ser humano. Porque el hombre no necesita simplemente ser más organizado, más enfocado o más equilibrado. Necesita ser reconciliado con Dios.

La Palabra de Dios no compite con los principios humanos. Los supera.

«La ley de Jehová es perfecta, que convierte el alma...»
(Salmo 19:7)

Los mejores consejos del mundo pueden formar la conducta... pero solo la Palabra puede transformar el corazón.

Puede que muchas personas apliquen principios de Covey y logren metas, éxito o disciplina. Pero si sus vidas no están edificadas sobre la Roca eterna, todo será temporal.

> *«Sécase la hierba, marchítase la flor; mas la palabra del Dios nuestro permanece para siempre»*
> *(Isaías 40:8)*

CRISTO NO VINO A HACERTE MÁS EFECTIVO, SINO A DARTE UNA NUEVA VIDA

En Cristo no solo encontramos dirección... encontramos redención No solo hábitos... sino santidad. No solo sentido de propósito... sino propósito eterno.

> *«Porque de su plenitud tomamos todos, y gracia sobre gracia»*
> *(Juan 1:16)*

¿QUÉ SIGUE DESPUÉS DE CERRAR ESTE LIBRO?

Te invito a vivir con una sola meta: ser conformado a la imagen de Cristo.

Que la Palabra de Dios sea tu manual diario.

Que el Espíritu Santo sea tu guía constante.

Que la cruz sea tu centro.

Y que la gloria de Dios sea tu mayor anhelo.

> *«Ocúpate en estas cosas; permanece en ellas, para que tu aprovechamiento sea manifiesto a todos»*
> *(1 Timoteo 4:15)*

ORACIÓN FINAL

> *«Señor, gracias por tu Palabra, que es viva y eficaz. Gracias por mostrarnos que en Cristo hay sabiduría, poder y vida abundante. Te ruego que mi vida no esté gobernada por métodos humanos, sino por tu verdad eterna. Enséñame a vivir cada día para ti, desde un corazón transformado, y a ser instrumento tuyo en el mundo. Que todo en mí apunte a tu gloria. Amén»*

Made in the USA
Coppell, TX
23 February 2026

72251981R00095